Cesare Beccaria

Abhandlung von Verbrechen und Strafen: Eine gekrönte Preisschrift

nebst angehängten Lehrsätzen aus der Polizeiwissenschaft, welche

Joseph Edler von Montag Hörer der Kameralwissenschaften

öffentlich auf dem Carolin verteidigen wird

Cesare Beccaria

Abhandlung von Verbrechen und Strafen: Eine gekrönte Preisschrift nebst angehängten Lehrsätzen aus der Polizeiwissenschaft, welche Joseph Edler von Montag Hörer der Kameralwissenschaften öffentlich auf dem Carolin verteidigen wird

ISBN/EAN: 9783744635998

Hergestellt in Europa, USA, Kanada, Australien, Japan

Cover: Foto ©Suzi / pixelio.de

Weitere Bücher finden Sie auf **www.hansebooks.com**

Abhandlung

von

Verbrechen

und

Strafen

eine gekrönte Preisschrift

nebst

angehängten Lehrsätzen

aus der

Polizeywissenschaft

welche

Joseph Edler von Montag Hörer der
Kameralwissenschaften öffentlich auf dem
Carolin vertheidigen wird

Den 5 Julii Nachmittag um 4 Uhr.

Altstadt Prag,

gedruckt, beym Johann Joseph Clauser,
Königl. Hof-Buchdruckern.
Anno 1767.

Lehrsätze aus der Polizeywissenschaft.

I.

Die Staatswissenschaft lehret die Wohlfart des Staats zu befördern, die Wohlfart des Staats ist das höchste Wohl, welches eine bürgerliche Gesellschaft zu erreichen fähig ist. Man begnüget sich mit dem bloß gutem nicht, so bald man einen Weg vor sich sieht etwas bessers zu erreichen. Man kann auch in einem Staat nichts vor gut ansehen, als was überhaupt mit allen Maaßregeln übereinstimmet, oder zum wenigsten mit den meisten Sätzen dergestalten übereinkommet, daß es gegen die übrigen gleichgültig und nicht widersprechend wird.

II.

Der Haupt-Grundsatz der Staatswissenschaft ist die, nach den vier untergetheilten Wissenschaften, nämlich nach der Politik, der Polizey, der Handlung und Finanzwissenschaften angewandte Bevölkerung. Ist es der Bevölkerung zuträglich? ist es der Bevölkerung nachtheilig? sind die Sätze, die man stets bey Unternehmungen in Staatsgeschäften vor Augen haben muß.

Ob nun eine dem Staate nachtheilige Unternehmung gegen die Politik oder die Polizey die Handlung oder die Finanz seye, muß aus dem ersehen werden, wie die Bevölkerung in jede dieser Wissenschaften einfließt. Dieser Grundsatz ist nicht nur der zuversichtlichste, sondern auch der fähigste einen Geist für die wichtigsten Geschäfte des Staats so zu bilden, daß er gleichsam in einem einzigen Blicke tausend Gegenstände durchsehe.

III.

Die Politik lehret die äusserliche Sicherheit des Staats die Polizey die innere Sicherheit zu gründen und handzuhaben. Die Handlungswissenschaft enthält die Grundsätze der größten möglichsten Menge der Burger durch vortheilhafte Leitung der Handlungsgeschäfte einen bequemen und angenehmen Lebensunterhalt zu verschaffen; und endlich sind der Finanzwissenschaft alle zur vortheilhaften Behöbung und Verwaltung des Staatsvermögens gehörigen Maaßregeln zugetheilet.

IV.

Die innerliche, öffentliche und Privatsicherheit kommt darauf an, daß man weder jemanden beleidigen und in seiner Sicherheit stöhren wolle, weder könne.

V.

Die innerliche öffentliche Sicherheit des Staats beruhet auf dem Ebenmaß der Kräfte der Widersetzung zu den Zwangkräften. Und da dieses Verhältniß auf dreyerley Art unebenmäßig werden kann: nemlich 1. durch die grosse Ausbreitung eines Standes. 2. Durch unmäßige Häufung des Reichthums, und 3. durch die einem Stande oder Person zugestandene oder eigenmächtig angemaßte Rechte; so soll der Staat auf alle diese Arten höchst aufmerksam seyn.

VI.

VI.

Der Staat soll und kann jedem Stande Schranken setzen, Gelehrte, Ordensgeistliche, Künstler und dergleichen müssen mit den übrigen in einem Verhältniß stehen. Verschiedene Gelehrte haben verschiedene Vorschläge zur Richtschnur gegeben. Das zuversichtlichste ist, wenn der Umfang der Dienste, wozu ein jeder dieser Stände gewidmet ist, zum Maaßstab genommen wird. Ein Zierat muß nie einer Sache zur Last werden.

VII.

Die Polizey muß eben wachen damit nicht ein Burger, ein Stand, eine Gesellschaft oder Gemeinschaft einen dem Staate fürchterlichen Reichthum vorzüglich an sich bringe, und so etwas der öffentlichen Ruhe und Sicherheit gefährliches unternehme. Die Häufung des Reichthums ist bey unsterblichen Gesellschaften, besonders wenn dabey durch Erbfolge, Vermächtnisse, Schenkungen und andere Veräusserungen nichts von dem erworbenen hinwegkommt, immer ehender zu vermuthen. Die Gesetze müssen dieser Unordnung Einhalt thun.

VIII.

Nichts ist gefährlicher in dem Staate als zu glauben, daß es ein unterschiedender Vorzug seye, etwas wider die gemeinschaftliche Wohlfart unternehmen zu dörfen. Alle also vergebliche Rechte, alle wider die allgemeine Wohlfart gegebene, oder angemaßte Befreyungen soll der Staat, sie mögen quocunque titulo erworben seyn, widerruffen.

IX.

Vergnügte und gesittete Unterthanen denken an keine Empörung mehr. Aufruhr und Ausläufe des Pöbels, sind Folgen eines sorglosen Betragens in Polizeywesen. Wenn gelindere Mittel zu Tilgung der Ausläufe

läufe nicht zureichen, so müssen schärfere und schleunigste Mittel angewendet werden.

X.

Das Vermögen die innerliche Sicherheit zu stöhren wird gehindert durch Bestellung der Tag und Nacht-wache, der Stadt und Land-Patroullen durch allgemeine Landes oder besondere Stadt Visitationen.

XI.

Von Seiten des Willens könnte man allen Unter-nehmungen gegen die innerliche Sicherheit steuern, wenn die Erziehung der Kinder nicht blos der Willkuhr den Eltern überlassen, sondern zum Gegenstand der öffent-lichen Aufmerksamkeit gemacht, und durch Errichtung der Waisel und Fündlingshäuser erleichtert würde. Die Ehre der Academien und Wissenschaften beruhet nicht so sehr in Alterthume als in deme, wenn sie gute, gesittete dem Staat nützliche Bürger gebildet, wenn sie Mensch-lichkeit und Wissenschaften nach Maaß ihrer Nutzbarkeit verbreitet haben.

XII.

Das wirksamste Mittel den Menschen im Zaum zu halten und von Lastern abzuschrecken ist die Religion, ohne ihr würde die Polizey in manchen Fällen unmäch-tig seyn. Z. B. bey Eydschwüren, gegen Selbstmorde. Ein erklärter Freygeist soll nie geduldet werden. Denn da die bürgerliche Rechtschaffenheit nichts anders ist, als eine standhafte Fertigkeit seine Handlungen nach den Gesetzen einzurichten, ein Mann aber ohne Religion, so oft er sich gegen das Aug der Polizey gesichert sieht, kein Bedenken haben kann die Gesetze zu übertretten, so wird er auch ohne Religion kein rechtschaffener Mann seyn. Wie können also Leute als Freunde des Staats angesehen werden, die den bürgerlichen Gesetzen die Gewalt unter dem Gewissen zu verbinden, absprechen?

XIII.

XIII.

Der Mißiggang ist die Quelle der meisten, ja beynahe aller Lastern, da aber das Betteln nichts als ein vermuhmter Mißiggang ist, so muß also das Betteln und alle den Mißiggang nährende Vorwände abgeschaft und der Mißiggang gestrafet werden. Wenn Leute, die bey dem Pöbel in einer Art von Ansehen stehen sich zu betteln nicht scheuen, so ist dieses eine neue Anempfehlung des Bettelns. Das Allmosengeben also, weil die wirkliche Arme zu versorgen der Staat ohnehin verbunden ist, kann verbotten werden, selbst die Klöstern könnten ihre sogenannte Klostersuppe in eine andere Mildthätigkeit verändern. Ihro Päbstliche Heiligkeit selbst hat den Abscheu gegen den Mißiggang durch die heilsame Einwilligung zu Abschaffung einiger Feyertägen genugsam bewiesen.

XIV.

Die weitere Mitteln dem Laster zu steuren sind gute Gesindordnung, Staats-Bücher-Theatral-Censur, Arbeits und Zwanghäuser, vorzüglich aber wenn jedermann eine Rechenschaft seiner Beschäftigung zu geben schuldig ist.

XV.

Obwohlen sich die Polizey mit den Sitten nicht als mit einem Endzwecke, sondern blos als mit einem Mittel zu einem Endzwecke bemenget, und nicht allzeit auf die Beweggründe, sondern nur auf das äusserliche der Handlung zu sehen hat; so ist zwar die politische Tugend von der Tugend der Religion unterschieden, doch so, daß sie beyde zu vereinigen dem Gesetzgeber viel daran gelegen sey.

XVI.

Die innerliche Sicherheit beziehet sich entweder auf Handlungen, oder auf Personen, oder aber auf die Güter und Ehre der Bürger. Der furchtfreye Zustand
in

in Abſicht auf unſere Handlungen beſtimmet die Gränzen der bürgerlichen Freyheit, welche eben nichts anders
iſt, als eine Fähigkeit zu handlen, in wie weit etwas
den Geſetzen nicht zuwider iſt.

XVII.

Da die bürgerlichen Geſetze zur Handhabung der
öffentlichen Wohlfart gegeben werden, die Polizey Geſetze aber eigentlich die Handhabung der innerlichen
Sicherheit zum Endzwecke haben; ſo kann man ſagen
daß die Sicherheit im Staate eben ſo groß ſeye, wie
genau die Geſetze beobachtet werden, und wie ſehr auf
die Beobachtung derſelben von Seiten des Staats ge-
drungen wird.

XVIII.

Die heimlichen Anzeigen, und die zu ſolchen beſtimmte Anzeig-Oerter ſind der bürgerlichen Sicherheit
zuwider.

XIX.

Kindermorde, Duellen, wie auch alle übrige
Todesarten, die das Ziel des menſchlichen Lebens ge-
waltthätig verkürzen ſind wider die perſönliche Sicherheit. Nichts verhindert mehr die Duellen als eine unmittelbare auf den Zweykampf verhängte Strafe der
Ehrloſigkeit. Die Kindermorde werden meiſtentheils
durch Schande, Armuth und Kirchen Buſſe den Müt-
tern abgezwungen. Fündlingshäuſer, dann Oerter,
wo gefallene Mägdchen ohne erkannt zu werden ſich ihrer Bürde entladen, und in den Schoß der Scham-
haftigkeit zurück kehren können, ſind eine würdige Vor-
ſorge geſitteter Polizey.

XX.

XX.

Magazinirung bewahret das menschliche Leben vor Hungersnoth. Weit entfernt, daß es Staatsmagazine, oder grosse von Privatleuten, oder einer ausschliessenden Gesellschaft unternommene Vorrathshäuser sind. Kleine, viele, und eingeschriebene Magazine werden sowohl der wahren als auch der eingebildeten und erzwungenen Theuerung vorbauen, wenn sonst alle Nebenanstalten richtig sind.

XXI.

Weder Geburt noch Beschäftigung sollen dem Bürger die Achtung der Rechtschaffenheit benehmen, die Strafe der Ehrlosigkeit schneidet den Weg zur Besserung ab: die Entehrung ist also eine Folge der Laster und der Strafe, die sich durch die Besserung aufhebt.

XXII.

Die Strafe ist ein wesentlicher Theil eines Gesetzes. Die zu verhängenden Strafen werden nach der Bosheit und Leichtigkeit das Laster zu begehen, und nach der Maaß des dem Staate zugefügten Schadens abgemessen. Die Absichten aller Strafen müssen seyn: von Lastern abzuschrecken, und Lasterhafte bessern, dieß geschieht an dem Lasterhaften durch Empfindung eines auf die Uebertretung des Gesetzes verhängten Uebels, an den Zusehern durch das abschreckende Beyspiel.

XXIII.

Jede in ihrer Wesenheit unwirksame Strafe ist auch ungerecht. Landesverweisungen und Todesstrafen scheinen sich mit den Grundsätzen der Regierung nicht zu vertragen. Ewige Zuchtarbeiten sind weit wirksamer gegen die Laster, deren Quelle der Müßiggang ist.

XXIV.

XXIV.

Wenn alle übertriebene Grausamkeit der Strafen abgeschaft: die Hofnung der Straflosigkeit gänzlich benommen ist; so werden geringe Strafen von schweren Lastern gesittete Bürger abhalten. Daß die Folter bey peinlichen Untersuchungen nicht nothwendig sey, bezeugen Beyspiele ganzer Völker, und selbst gewisse Gerichtsstellen jener Staaten, die die Folter noch nicht abgeschaft haben. Der Unterschied zwischen Crimen adfectus und effectus bey Lastern, die keine Wiedererstattung zulassen, und bey Lastern wo der effectus nicht der Entschlossenheit des Lasterhaften, sondern nur zufälligen Umständen zugemuthet werden kann, scheinet theils überflüßig, theils den Lastern zu günstig.

§. I.

Einleitung und Absicht
dieser
Abhandlung.

Seitdem die Menschen das einsame Leben verlassen und sich in bürgerliche Gesellschaften begeben haben, bemerket man unter ihnen zweyerley gegeneinander wirkendes Bestreben; einerseits will man sich die gänzliche Macht, die sammentliche Wohlfart anmassen, da hingegen man auf den Gegentheil alles Elend zu schieben und denselben völlig

A   zu

zu entkräften suchet. Die Absicht guter
Gesetze muß stets dahin gerichtet seyn,
sich einer solchen verderblichen Unord=
nung ohne Unterlaß zu widersetzen.
Allein wie oft werden nicht auch die
wichtigsten Veranstaltungen und Ge=
schäfte einer blöden und nur ganz ge=
meinen Einsicht, wie oft nicht der Will=
kur solcher Leute überlassen, denen
daran gelegen ist, daß die gute und
heilsame Absicht der Gesetze hintertrie=
ben werde? Man würde zum äussersten
gekommen seyn, wenn man dem dru=
ckenden Uebel nur alsdenn erst abzu=
helfen dächte, da die Last desselben un=
erträglich zu werden anfängt, da man
der Bedrückung müde und überdrüßig
wird. Erst nach tausend begangenen
Fehlern, die dem Leben der Freyheit den
gänzlichen Untergang droheten, werden
die Augen geöfnet, man fängt alsdenn
erst an Wahrheiten einzusehen, die,
ohnerachtet ihrer Einfalt, einem Geiste
bishero unbekannt geblieben sind, der
da, unfähig verschiedene Gegenstände
zusammen gereimter zu betrachten, nur
verworrene und unbestimmte Begriffe

aus

aus dem leeren Ton der Wörter ohne weiteren Nachdenken bekommet.

Die Geschichte belehret uns, daß man sich der Gesetze, welche nur Ver= träge freyer Menschen sind, oder doch seyn sollten, nur als eines Werkzeuges zum Behuf der Leidenschaften einiger weniger Menschen bedienet habe, die meisten Gesetze hat eine ausserordentliche Noth hervor gebracht; nichts minder als daß sie von einer unpartheiligen Un= tersuchung der menschlichen Natur her= kommen sollten.

Die wenigsten Gesetze sind ein Werk eines so unpartheiligen Beobach= ter der menschlichen Natur, der die dazu nöthige Fähigkeit und den guten Willen zugleich gehabt hätte: eine Fä= higkeit, die so manigfältige Verhält= nisse der menschlichen Handlungen gleichsam unter einem einzigen Gesichts= punkte zu übersehen, den guten Wil= len, durch kluge Leitung aller dieser Handlungen eine unzahlbare Menge der Menschen glücklich zu machen.

A 2   Wie

Wie glücklich dürfen sich nicht jene Nationen schätzen, die durch ein Uebel gewarnet mittelst kluger Gesetze künftigen Uebeln vorgebogen haben, ohne zu erwarten, bis die langsame Ueberlegung bey der äussersten Stuffe des eingerissenen Uebels eine Gelegenheit zu bessern Anstalten ersehen hat? Welche Erkenntlichkeit verdienet nicht von dem menschlichen Geschlechte jener Weltweise, der in einem düsternen, und vom Volke fast vergessenen Studierzimmer Lust bekommen hat, den schon lang ohne Frucht liegenden Saamen so nützlicher Wissenschaften in menschliche Herzen zu streuen?

Man hat die wahre Verhältnisse zwischen dem Beherrscher und den Unterthan, dann die Verhältnisse zwischen verschiedenen Völkern erkannt, der Handel ist durch den Anblick philosophischer Wahrheiten, welche die Buchdruckerey allgemein gemacht, belebet worden, und es hat sich zwischen den Völkern ein stiller Krieg des Fleisses und der Nacheiferung erhoben, welcher

der

der Menſchlichkeit und der Vernunft ſo
würdig iſt. Dieſes ſind die Früchte
welche man unſerem erleuchteten Jahrhunderte zu verdanken hat. Aber faſt
niemand hat die Grauſamkeit der Strafen, und die Unregelmäßigkeit des peinlichen Gerichts Verfahren unterſucht,
und beſtritten; dieſen ſo hauptſächlichen
und faſt in ganz Europa ſo auſſer Acht
geſetzten Theil der Geſetzgebung. Sehr
wenige haben es gewagt bis auf die allgemeine Grundſätze zurück zu gehen,
und die von vielen Jahrhunderten her
gehauften Irrthümer zu beleuchten.
Aber auch dieſe haben noch nicht einhalten können durch die Kraft ſchon er-
kannter Wahrheiten, den gar zu freyen
Lauf des eingeälterten Mißbrauches
der peinlichen Gerichtsbarkeit, welche
bisher nur durch die ſo oft wiederholte
Beyſpiele und Facta dann eine kaltſin-
nige Grauſamkeit hat können gerecht-
fertiget werden. Die der Unwiſſenheit,
der Unempfindlichkeit der mächtigen
geopferte Seufzer und Klagen gebrech-
licher Menſchen, die barbariſchen Peinen und Qualen, welche man mit einer

A 3   ver-

verschwenderischen und unnützlichen
Strenge auf nicht bewiesene oder chy=
merische Verbrechen gehäufet hat, die
Unreinlichkeit und das Schrecken der
Gefängnisse, die Ungewißheit des künf=
tigen Schicksals, welche die Elende am
meisten quälet, hätten freylich die Auf=
merksamkeit der Weltweisen, die die Na=
tur zu Richtern der menschlichen Muth=
massungen und Gemüthern bestellet hat,
schon längstens erwecken sollen.

Der unsterbliche Montesquiou ist
sehr eilfertig über diesen Gegenstand
hingegangen. Die unzertrennliche Wahr=
heit hat mich bewogen, die lichtvollen
Spuren dieses grossen Mannes zu ver=
folgen, die denkenden Menschen, für
welche ich schreibe, werden schon meine
Schritte von den seinigen zu unterschei=
den wissen. Wie glücklich würde ich
seyn, wenn ich, wie er, die heimlichen
Danksagungen, die verborgnen und
ruhigen Anhänger der Vernunft mir
erwerben, und jenen süssen Schauer
einflössen könnte, womit die fühlbaren
Seelen demjenigen antworten, der die
Vor=

Vortheile der Menschlichkeit zu behaup=
ten sich bestrebet.

Um aber die Ordnung unserer Un=
tersuchung anzudeuten, so müssen wir
eine jegliche Art des Verbrechens und
der darauf verhängten Strafen unter=
scheiden und ergründen.   Aber die
Menge und Verschiedenheit der dabey
zu beobachtenden Umständen der Zeit,
verschiedener Himmelsgegenden, und
immer abwechslenden natürlichen Be=
gebenheiten würde mich in eine allzu=
weitläufige und verdrüßliche Unter=
suchung der Kleinigkeiten verwicklen.
Ich werde mich also begnügen, die
allgemeinsten Grundsätze und die eben
so schädliche als allgemeine Irrthümer
anzuzeigen, um sowohl jene Art der
Menschen aus den Irrthum zu reissen,
die aus einer übel verstandenen Frey=
heits=Liebe eine gesetzlose Unabhängig=
keit einführen wolten, als auch diese,
welche ihre Nebenmenschen zu einer
klösterlichen Pünktlichkeit zu zwingen
gedächten.

A 4   Wel=

Welches iſt alſo der Urſprung der Strafen, und worauf gründet ſich das Recht zu ſtrafen? Welches ſind die brauchbaren Mittel in einer klugen Geſetzgebung die Laſterhaften zu überfallen, die Verbrechen auszukundſchaften, und den Verbrecher derſelben zu überführen? Die peinliche Forſchung oder Folter, iſt ſie gerecht und billig? Führt ſie zu dem Endzweck, den ſich die Geſetze vorgeſetzet haben? Sollen die Strafen mit den Verbrechen nicht in einem Verhältniſſe ſtehen, und wie iſt ein ſolches Verhältniß feſtzuſetzen? Nach welcher Maaß ſollen die Laſtern abgemeſſen werden? Die Todes Strafen ſind ſie nützlich? Sind ſie nothwendig zu Erhaltung guter Ordnung und Sicherheit in einem Staate? Welche Strafen ſind auf die ſo manigfaltige Verbrechen zu verhängen? Haben die nemlichen Strafen gegen die Laſter zu allen Zeiten eine gleiche Wirkſamkeit? Welche ſind die wirkſamſten Mittel den Laſtern vorzubeugen oder vorzukommen? Alle dieſe Aufgaben ſind wichtig genug um mit einer geome-

metriſchen Kürze und Richtigkeit abge=
handlet zu werden, damit ſie gegen
ſchlaue und ſophiſtiſche Schlüſſe, gegen
das verführeriſche, einer übel ange-
wendten Beredſamkeit, und endlich ge=
gen die Zaghaftigkeit einer Sceptiſchen
Zweifelſucht die Oberhand erhalten.

Ohne allen weiteren Verdienſt
darf ich mich ſehr glücklich ſchätzen,
wenn ich der erſte meinem Vaterland
deutlich vorlege, worüber man ſchon
anderwärts geſchrieben, und was man
bey andern Völkern in die Ausübung
gebracht hat. Wenn es mir gelingen
ſollte der Tiranney oder der Unwiſſenheit etwann ein ſchon zubereitetes Opfer
durch die vertheidigte Rechte der
Menſchlichkeit, und deren unbeſtreit=
liche Wahrheit zu entreiſſen: ſo werden
mich die Thränen und das Benedeyen
eines einzigen Unſchuldigen bey der
Entzückung ſeiner Freude unendlich trö-
ſten, und wegen der Verachtung eini=
ger Menſchen ſchadlos halten.

§. II.

§. II.
Von Ursprung und dem Rechte
zu strafen.

Die politische Sittenlehr * muß, um
der Gesellschaft einen dauerhaften
Nutzen zu verschaffen, sich auf die unauslöschliche Empfindungen des menschlichen Herzens gründen. Ziehen wir
also das menschliche Herz zu Rathe, so
werden wir in demselben die Haupt-
gründe des wahrhaften Rechts finden,
das der obersten Gewalt die Verbrecher
zu bestrafen zustehet; niemals wird
man einen dauerhaften Nutzen von einer Regierungs Kunst hoffen können,
wenn sie in diesen unauslöschlichen Empfindungen des Menschen nicht gegründet ist. Jedes Gesetz, das von diesem
abweicht, wird allzeit einen gegenseitigen Widerstand antreffen, dem es endlich weichen muß, auf eben die Art,
wie

---

* Worunter die Regierungs-Kunst und überhaupt
die Staats- und Gesetzgebende Klugheit begriffen ist.

wie eine, obwohl sehr geringe Kraft,
wenn ihre Anwendung fortdauert, auch
die heftigste einem Körper mitgetheilte
Gegenbewegung endlich überwindet.

Niemand hat sich ohne zureichen-
der Ursach oder bloß des allgemeinen
Bestens wegen * seiner natürlichen
Freyheit begeben; in Romannen mag
man es anderst finden, sonst aber wi-
derspricht es der alltäglichen Erfahrung, die uns belehret, daß ein jeder
viel lieber von jenen Verträgen und
Gesetzen loß und frey zu seyn wünschte,
an die er andere seines gleichen gebun-
den sieht. Denn jeder denkende Mensch
betrachtet sich als einen Mittelpunkt
aller Verbindungen des Weltgebäudes.

Die obgleich langsame Vermehrung des menschlichen Geschlechts ge-
schahe noch gar zu geschwind, als daß
die sich selbst überlassene Natur hätte
im Stande seyn sollen, den Bedürfnissen, welche täglich häufiger wurden,
und auf tausendfache Art einander zuwider waren, Genüge zu leisten. Die
erjten

* Ausser in wie weit unter der allgemeinen Wohlfart
seine Wohlfart einen Theil ausmacht.

erſten Geſellſchaften bildeten nothwen=
diger Weiſe die andern, um den erſtern
Widerſtand leiſten zu können, und an=
ſtatt der einzelnen Menſchen, geriethen
auf ſolche Art die Völkerſchaften in den
Stand eines gegenſeitigen Krieges.

Die Geſetze ſind die Bedingniſſe,
womit freye und auf dieſem Erdkreiſe
einzeln ausgeſtreute Menſchen, müde
in einem immerwährenden Zuſtand des
Krieges zu leben, und einer Freyheit
zu genieſſen, welche die Ungewißheit,
ſie zu erhalten, unbrauchbar gemacht,
ſich in eine Geſellſchaft vereiniget ha=
ben. Sie opferten einen Theil ihrer
Freyheit auf, um der übrigen mit Si=
cherheit und Ruh zu genieſſen.

Die Summa dieſer Theile für die
Wohlfart eines jeden aufgeopfert,
macht die Oberherrſchaft eines Volkes
aus, und der, dem der Gebrauch die=
ſer oberſten Gewalt anvertrauet wor=
den iſt; iſt der rechtmäſſige Verwahrer
und Verwalter aller dieſer Theile. Al=
lein es war nicht genug dieſes in den
Händen eines einzigen oder mehrerer
Menſchen hinterlegte Heiligthum im
gan=

ganzen zu bilden, man muſte es auch
beſchützen vor den einzelnen Nachſtel-
lungen eines jeden Menſchen insbeſon-
dere, welcher ſich ſtets beſtrebet, nicht
nur allein ſeinen eignen Theil von der
hinterlegten natürlichen Freyheit wiederum wegzunehmen, ſondern auch der
übrigen Zweige der oberſten Gewalt zu
Unterdruckung ſeiner Mitbürger ſich zu-
zueignen.   Es würden ſinnliche Bewegungsgründe erfordert, welche erglek-
lich wären, die deſpotiſche Gemüthsart
eines jeden Menſchen einzuhalten, damit nicht die Geſellſchaft dadurch in
das alte Choas verſenket werde.   Dieſe
ſinnliche Bewegungsgründe ſind die
wider die Uebertretter der Geſetze beſtimmte Strafen.   Ich nenne ſie ſinnliche Bewegungsgründe, weil uns die
Erfahrung belehret hat, daß der groſſe
Haufen keine feſtgeſetzten Grundſätze in
ſeinen Handlungen beobachtet; nie entfernt er ſich von jenem allgemeinen
Grundſatz der Zertrennung, welchen
man in dem natürlichen und ſittlichen
ganzen wahrnimmt, auſſer durch Be-
wegungs-Gründe, welche unmittelbar
die

die Sinne angreifen , und welche im-
merdar vor den Augen des Gemüths
schweben , um den lebhaften Eindrücken
der partheyischen Leidenschaften , welche
dem allgemeinen Besten sich widersetzen,
das Gegengewicht zu halten ; weder
die Beredsamkeit , noch die rednerischen
Ermahnungen hatten Kraft genug, die
durch die lebhaften Erschütterungen der
vor Augen liegenden Gegenstände er-
weckte Leidenschaften auf eine längere
Zeit zu bezähmen.

Nur die Nothwendigkeit hat die
Menschen gezwungen , einen Theil der
eigenthumlichen Freyheit dahin zu lassen: gewiß ist es dahero , daß ein jeder
in die öffentliche Verwahrung der bürgerlichen Gesetze nur den kleinsten mög-
lichen Theil davon hinterlegen will, nur
einen solchen Theil , welcher erglecklich
sey , die andern zu seiner Beschützung
zu vermögen. Alle diese kleinsten mög-
lichen Antheile machen zusammen jenes
Ganze aus , woraus das Recht zu strafen entstehet. Alles was darüber geht,
ist ein Mißbrauch und keine Gerechtigkeit,

keit, eine Handlung, aber kein Recht. *
Jedwede Strafe ist ungerecht, so bald
sie zu Erhaltung des gemeinschaftlichen
Beytrags der öffentlichen Freyheit
nicht nothwendig ist; die Strafen wer=
den desto gerechter seyn, je mehr sich
der Regent bemühet die Freyheit einzel=
ner Personen zu erhalten, und zugleich
dahin siehet, daß die offentliche Frey=
heit

* Es ist anzumerken, daß das Wort Recht keinen
Widerspruch gegen das Wort Macht in sich ent=
hält, sondern das erste ist vielmehr eine Mäßi=
gung, oder Beschränkung des zweyten, das ist,
eine solche Mässigung, welche dem grösten Theil
am nützlichsten fällt. Durch die Gerechtigkeit
verstehe ich nichts anders, als das nothwendige
Band, um die einzelne Absichten eines jeden ver=
einbaret zu erhalten, welche ohne diesem sich von=
einander wiederum absöndern, und in den a ten
Stand der Ungeselligkeit zurück fallen würden:
Es ist hiebey wohl in Acht zu nehmen, daß man
nicht an diesem Wort Gerechtigkeit den Begriff
einer cörperlichen Gewalt oder eines anderen
würklich existirenden Wesens anhefte, es ist eine
blosse Art, wie sich die Menschen die Dinge vor=
stellen; eine Art, welche einen unendlichen Ein=
fluß in die Glückseligkeit eines jeden hat: noch
weniger meyne ich jene andere Art von Gerechtig=
keit, die von GOtt ausgegangen und die mit den
Strafen und Belohnungen des zukünftigen Lebens
in einer unmittelbaren Beziehung steht.

heit auf alle Weise unverletzt und heilig
bleibe.

§. III.

Folgerungen aus den vorange-
schickten Grundsätzen.

Die erste Folgerung aus diesen Grundsätzen bestehet darinn, daß die
Gesetze allein die Strafen für die Verbrechen verhängen können; diese Gewalt ist nur dem Gesetzgeber eigen,
welcher die durch Vereinigung der
Willen und der gesamten Kräfte ent-
standene bürgerliche Gesellschaft vorstellet; keine Obrigkeit, die ein Theil
der Gesellschaft ist, kann mit Recht einem andern Mitglied der nemlichen Gesellschaft eine Strafe auflegen.

Und da die Vermehrung der
Schärfe in einer bereits durch das Gesetz bestimmten Strafe, über den festgesetzten Punkt als eine neue Strafe anzusehen ist; so folgt ferner daraus, daß
kein Magistrat, auch nicht einmal unter
dem Vorwande der Wohlfart des
Staats

Staats eine auf das Verbrechen eines Bürgers gesetzte Strafe schärfen könne.

Die zweyte Folge ist, daß der Regent, welcher die Gesellschaft selbst vorstellet, nur allgemeine Gesetze welche alle Mitglieder verbinden, machen, aber nicht selbst beurtheilen könne, daß eines davon den gesellschaftlichen Vertrag gebrochen habe: die Nation würde sich alsdann in zwey Theile trennen, den einen würde der Regent vorstellen, welcher die Verletzung des Vertrags bejahet, und den anderen der Angeklagte, welcher sie verneinet. Es ist dahero nothwendig, daß ein dritter die Wahrheit der Sache beurtheile; aus diesem erhellet, wie nothwendig eine Obrigkeit sey, deren Aussprüche unumstößlich und in blossen Bejahungen oder Verneinungen der besondern Handlungen bestünden.

Die dritte Folgerung ist diese, daß (wenn auch die Grausamkeit der Strafen noch nicht unmittelbar wider das allgemeine Beste liefe, und ohnerachtet, daß sie die Laster zu verhindern gar

B   n cht

nicht geschickt ist) sie dennoch nicht nur
allein jenen gutthätigen Tugenden,
welche als eine Wirkung einer erleuchteten Vernunft vielmehr über glückliche
Menschen, als über eine Heerde Sklaven zu herrschen wünschen, gänzlich
widerspreche, sondern auch daß eine
solche Grausamkeit der Gerechtigkeit
selbst, und der Natur des gesellschaftlichen Vertrags schnurstracks zuwider
seye.

§. IV.
Von Auslegungen der Gesetze.

Vierte Folgerung : Nicht einmal die
Macht, peinliche Gesetze auszule-
gen, kann bey den peinlichen Richtern
bestehen, der nämlichen Ursach wegen,
weil sie keine Gesetzgeber sind. Die
Richter empfangen die Gesetze nicht et-
wan als eine einheimische Lehre unserer
Vorfahrern, oder als einen letzten Willen des Erblassers, den die Erben zu
erfüllen haben ; sondern die annoch le-
bende und fortdaurende Gesellschaft
oder der Regent, so dieselbe vorstellet,

setzet

ſetzet Magiſtrate und Richter ein, damit
ſelbe über die Geſetze wachen, welche
als eine Summe der einzelnen Willen
betrachtet werden. Das Anſehen der
Geſetze iſt nicht allein in der vorgeb=
lichen Verbindlichkeit * alte Verträge
zu erfüllen gegründet, denn ſo würden
B 2   die

---

* Wenn ein jedes einzelne Mitglied gegen die Ge=
ſellſchaft einiger maſſen verbunden iſt, ſo iſt auch
dieſe gegen jedes einzelne Glied verbunden, weil
es die Weſenheit des Vertrags mit ſich bringt,
daß beyde Theile verpflichtet werden. Dieſe
wechſelſeitige Verbindlichkeit, welche den Landes=
fürſten und den letzten Unterthan, das gröſte und
das kleinſte Glied der Geſellſchaft gegeneinander
verbindet, bedeutet nichts anders, als daß das
Wohl der ganzen Geſellſchaft, und die dem gröſten
Theil der Geſellſchaft nützliche Verträge, beobach=
tet werden ſollen; weil das mindeſte Vergehen
und nicht Befolgung ein Anfang zur Unordnung
und Ziegelloſigkeit iſt. Das Wort Pflicht oder
Verbindlichkeit iſt eines von jenen Wörtern, deren
man in der Sittenlehre weit häufiger, als in
jeder andern Wiſſenſchaft ſich gebraucht. Der=
gleichen Wörter ſind ein abgekürztes Zeichen eines
Vernunftſchluſſes, nicht aber eines einfachen Be=
griffes: vergeblich wird man ein Wort ausfindig
zu machen ſuchen, welches ſeiner Weſenheit nach
das vorſtellende Zeichen eines dergleichen Begriffes
ſeyn könnte: nur allein mittels eines ordentlichen
Vernunftſchluſſes kann man ſich ſelbſt, und andern,
deutlich und verſtändlich werden.

die Geſetze entweder null und nichtig
oder aber höchſt ungerecht ſeyn : null
und nichtig, weil ſie jene Willen die
nicht da ſeyn zu verpflichten hätten,
ungerecht, weil dadurch die Nachkom-
menſchaft zu einer verächtlichen Heerde
gemacht, und von Seiten des Willens
aller Thätigkeit beraubet würde. Die
Geſetze bekommen ihre verpflichtende
Kraft, dann ihr körperliches und we-
ſentliches Anſehen von dem ausdrück-
lichen oder ſtillſchweigenden Eide der
Treue, den die vereinigten Willen der
lebenden Unterthanen dem Regenten
abgelegt haben. Wer ſoll alſo der
rechtmäßige Ausleger der Geſetze ſeyn?
der Regent? das iſt, derjenige, dem
die Verwahrung der neu vereinigten
Willen ſammentlicher Unterthanen anvertrauet worden; oder der Richter?
deſſen Amt nur allein in der Unterſuchung beſtehet, ob dieſer oder jene
Menſch eine Handlung wider die Geſetze begangen habe, oder nicht?

Bey jedem Verbrechen muß der
Richter eine vollkommene Schlußrede
machen;

machen ; der Vordersatz müßte das
allgemeine Gesetz seyn : der Mittelsatz:
die Handlung, welche den Gesetzen zuwider oder gemäß ist. Die Folgerung:
soll entweder die Verdammung oder die
Loßsprechung enthalten. Wenn der
Richter verbunden, oder auch selbst geneigt ist, diese Gränzen zu überschreiten, so wird der Ungewißheit Thür und
Thor geöfnet.

Nichts ist so gefährlich als der
allgemeine Grundsatz. man müßte den
Geist * der Gesetze zu Rathe ziehen;
dis ist ein durchbrochner Damm, der
dem Strom der Vorurtheile entgegen
gesetzt wird. Diese Wahrheit, welche
gemeinen Geistern widersinnig zu seyn
scheinet, die von einer kleinen gegenwärtigen Unordnung mehr gerühret
werden, als von den traurigen aber
entfernten Folgen, welche aus einen
falschen bey einer Nation eingewurzelten
Grundsatze entstehen : diese Wahrheit,

B 3   deucht

---

* Vielleicht ist es verständlicher, wenn man esprit
des Loix, mit Grund der Gesetze übersetzet.

deucht mich erwiesen zu seyn. Unsere
Erkenntnisse und alle unsere Begriffe
haben eine wechselseitige Verbindung, je
mehr sie verwickelt sind, desto häufiger
sind die Wege, welche dazu und davon
fahren: jeder Mensch hat einen gewis=
sen Gesichtspunkt, der sich bey jedem
Menschen mit den Zeiten verändert.
Der Geist der Gesetze würde also auf
eine gute oder schlechte Logik eines
Richters ankommen; er würde von der
Heftigkeit seiner Leidenschaften, von
der Schwachheit des Leidenden, von
den verschiedenen Verhältnissen des
Richters und des Beleidigten, und
von allen denen auch geringsten Ein=
flussen unzähliger Dinge, welche die
äusserliche Gestalt eines jeden Gegen=
standes in dem wankenden Gemüthe des
Menschen zu verändern vermögen, ein=
zig und allein abhangen. Dahero sehen
wir, daß sich das Schicksal eines Bür=
gers öfters nach Verschiedenheit der
Gerichtshöfe verändert, wann er an
mehrern Ortern Recht zu suchen ge=
zwungen wird, und daß das Leben der
Elenden den falschen Vernunftschlüssen
oder

oder der wirklichen Gährung der mehr
oder weniger gesunden Säfte eines
Richters, welcher die ausschweifende
Zusammensetzung einiger ihme in den
Sinn kommenden Begriffe anstatt einer
rechtmäßigen Auslegung der Gesetze
annimmt, zum Opfer wird. Dahero
sehen wir, daß die nämlichen Verbrechen von den nämlichen Gerichtsstellen in unterschiedlichen Zeiten auch
auf eine unterschiedliche Art bestrafet
werden, weil sie nicht den beständigen
und festgesetzten Sinn der Gesetze, sondern eine stets unbestimmte und herum-
schweifende Auslegungs-Sucht zu Rathe ziehen pflegen.

Eine Unordnung, welche aus der
strengen Beobachtung des buchstäb-
lichen Inhalts eines peinlichen Gesetzes
entstehet, kann mit den durch die Auslegung verursachten Unordnungen in
keine Vergleichung kommen. Eine solche
nur gleichsam augenblickliche Anstößig-
keit gibt Anlaß, in den Worten des
Gesetzes eine leichte und nothwendige
Verbesserung anzubringen; hingegen
verhindert sie jene schädliche Vernünfte-

B 4 leyen,

leyen, woraus die eigenmächtige und
feile Streithändel entstehen.   Wenn
ein festgestelltes Gesetzbuch, dessen Gesetze dem Buchstaben nach beobachtet
werden müssen, dem Richter keinen andern Auftrag überläßt, als die Handlungen der Bürger zu untersuchen und
zu erklären ob die Handlungen nach
den Gesetzen eingerichtet oder denselben
zuwieder seyen? wenn die Richtschnur
des Rechts und Unrechts, wodurch die
Handlungen sowohl des unwissenden
als des philosophischen Bürgers geleitet werden sollen, nicht immer einer
willkürlichen Rechtsklügeley ausgesetzet
ist, sondern gleich entschieden werden
kann; alsdann sind die Unterthanen
den kleinen zwar, doch vielen Tiranneyen nicht mehr zur Beute überlassen,
welche Tiranneyen schädlicher sind, als
die von einem einzigen ausgeübet werden; (denn die Tiranney von mehrern
wird nur durch die Tiranney eines einzigen verbessert, und die Grausamkeit
eines Tirannen stehet nicht mit der
Macht, sondern mit den Hindernissen,
so er antrift, im Verhältniß.)   Ja
der-

dergleichen Tiranneyen sind desto grausamer, je geringer der Abstand ist,
zwischen dem, welcher leidet, und dem,
der das Leiden verursachet. Nur auf
solche Art erhalten die Bürger ihre persönliche Sicherheit, welche gerecht ist,
weil sie der Endzweck ist, weswegen
die Menschen im Stande der bürgerlichen Gesellschaft sich vereinbart halten, welche nützlich ist, weil die Menschen dadurch in den Stand gesetzt
werden, die mit Mißhandlungen verknüpfte mehr oder weniger nachtheilige
Folgen genau zu berechnen. Anderer
Seits ist es wahr, daß solche Unterthanen dadurch einen gewissen Geist der
Unabhängigkeit sich eigen machen werden, der aber deswegen das Joch der
Gesetze nicht abwirft, noch den obersten Gerichtspersonen sich widersetzet,
ausser denjenigen, welche die Schwachheit, womit man ihren eigennützigen
oder eigensinnigen Meynungen nach-
gibt, mit dem geheiligten Namen der
Tugend zu belegen verwegen genug
waren. Es ist wahr, diese Grundsätze
werden solchen mißfallen, die sich ein

Recht

Recht daraus gemacht haben, auf die
untergebene jene Streiche der Tirannei
zu übersetzen, die sie von ihren Obern
empfangen haben. Ich würde genug
befürchten müssen, wenn der Geist der
Tirannei mit dem Geist der Lesbegierde
sich vertrüge.

§. V.
Von Dunkelheit der Gesetze.

Wenn die Auslegung der Gesetze ein
  Uebel ist, so ist unwidersprechlich
die Dunkelheit ein grösseres, weil sie
die Auslegung nothwendig nach sich
zieht. Das gröste Uebel aber ist, wenn
die Gesetze in einer dem Volke fremder
Sprache geschrieben sind, wodurch es
in die Abhängigkeit einiger weni=
gen verfällt, weil ein dergleichen Volk
nicht von sich selbst, was es bey jedem
sich ereignenden Falle seiner Freyheit,
oder seiner Glieder wegen für einen
Ausgang haben möchte, beurtheilen
kann. Wenn, sage ich die Gesetze in
einer Sprache geschrieben sind, welche
macht,

macht, daß ein solches Buch, so zum feyerlichen und öffentlichen Gebrauch eines jeden gewidmet seyn sollte, gleichsam nur zum häuslichen und einzelnen Gebrauch einiger weniger schicklich wird. Was sollen wir wohl von den Menschen gedenken? wenn wir betrachten, daß dieses ein eingewurzelter Gebrauch oder vielmehr Mißbrauch eines guten Theils des aufgeklärten und gesitteten Europens ist? je grösser die Anzahl derjenigen ist, welche das geheiligte Gesetzbuch verstehen, und in Händen haben, desto geringer muß die Anzahl der Verbrecher seyn; es ist nicht zu zweifeln, daß sowohl die Unwissenheit als die Ungewißheit der Strafen der Beredsamkeit der Leidenschaften zu Hülfe kömmt?

Aus dieser letzten Ueberlegung fließt die Folgerung, daß eine bürgerliche Gesellschaft ohne geschriebene Gesetze niemals eine festgesetzte Art von einer politischen Verfassung annehmen könne, in welcher die Kraft der Gesetze der vereinigte Wille aller, und nicht der besondere Wille einiger wäre: vergebens verspricht man sich von den Ge-

setzen,

setzen, wenn sie nicht geschrieben sind,
so wenig sie auch der Abänderung hät=
ten unterworfen seyn sollen, eine solche
Dauerhaftigkeit, daß selbe, troß auch
dem Gehorsam des grossen Haufens,
nicht wenigstens durch unzählige eigen=
nützige Absichten einzelner Bürger be=
stürmet, und nach und nach in das
Verderbeu hingerissen werden sollten.
Die Erfahrung und die Vernunft hat
gewiesen, daß die Wahrscheinlichkeit
und Gewißheit der nur mündlich fort=
gepflanzten menschlichen Sazungen sich
in eben der Maaß verlieren, je mehr sie
sich von der Urquelle entfernen. Ja
sollte kein beständiges Denkmal des ge=
sellschaftlichen Vertrages vorhanden
seyn, wie würden die Geseze der un=
vermeidlichen Macht der Zeit und der Lei=
denschaften widerstehen können?

Aus diesem erhellet die grosse Nuz=
barkeit der Presse, als wodurch das
Publicum, und nicht einige, zum Ver=
wahrer der hinterlegten heiligen Geseze
gemacht werden. Durch diese Erfin=
dung ist jener düstere Geist der Hinter=
list und des Betrugs zerstreuet worden,
wel=

welcher vor dem Lichte flieht, die Wiſſenſchaften ſcheuet, jene Wiſſenſchaften, die von den niederträchtigen und kleinen Seelen, ſo ihm anhangen, zum Schein zwar verachtet, in der That aber gefürchtet werden. Aus dieſer Urſache ſehen wir nunmehr in Europa jene entſetzliche Verbrechen abnehmen, worüber unſere Vorfahrern geſeufzet hatten, und welche wechſelweiſe bald Tirannen bald Sklaven wurden. Aus der Vergleichung der Geſchichte unſeres Zeitalters mit der Geſchichte der zwey oder drey vorhergegangenen Jahrhunderten ſehen wir, daß aus dem Schooſe der Ueppigkeit und des Ueberfluſſes die mildeſten Tugenden entſproſſen ſind, ich verſtehe die Menſchlichkeit, die Gutthätigkeit, und das mitleidige Uebertragen der menſchlichen Irrthümer. Wir ſehen, was für Wirkungen aus jener mit Unrecht ſo genannten alten Einfalt, dann aus der Treu und Glauben entſtanden ſind. Die unter dem unverſöhnlichen Aberglauben ſeufzende Menſchlichkeit, die Habſucht, der Hochmuth einiger weniger, welcher ſo=

sowohl die Geldkästen als die König-
liche Throne mit Menschenblut befär-
bet; die heimlichen Verrähtereyen; die
öffentlichen Niedermetzlungen ; der
Uebermuth , womit sich jeder Edel-
mann zum Despote über eine kleine
Truppe elender Bauern aufwarf; die
noch grössere Tirannen der Diener der
Evangelischen Wahrheit , die ihre
Hände , womit sie alle Tage den Gott
der Sanftmuth berührten , mit dem
Blute unschuldiger Rachopfer befleck-
ten, sind keine Werke unsers aufgeklärten Jahrhunderts , welches einige mit
Unrecht das verdorbene nennen.

§. VI.

Von Gefangennehmung der Lasterhaften.

Die vortheilhafte Meynung , so jeder
Bürger von seiner eigenen Sicherheit haben soll , ist ein wesentlicher Endzweck der bürgerlichen Gesellschaft.
Daher ist es ein eben so allgemeiner als
vorbesagtem Endzweck zuwider laufen-
der

 der Irrthum, daß man in einem Staate der vollziehenden und richterlichen
Gewalt die Macht überlaßt, nach ihrer Willkur einen Burger in das Gefängniß zu werfen, und welches die
traurigen Folgen davon sind, unter
nichtigen Vorwänden den, so man
hasset, seiner Freyheit zu berauben,
dagegen einen nichtswürdigen Liebling,
so strafbar selbiger auch seyn mag, zu
begünstigen. Es ist wahr, das Gefängniß ist eine Strafe, so hierin von
allen andern Strafen sich merklich unterscheidet, daß sie nämlich zuvor Platz
findet, ehe noch das Verbrechen erkannt worden: allein dieses besondere
Unterscheidungszeichen benimmt ihm
das andere nicht, welches eben so we-
sentlich ist, und in dem bestehet, daß
nur das Gesatz die Falle bestimmen soll,
in welchen ein Mensch für strafwürdig
gehalten werden möge. Dergleichen
Gesetz muß deswegen jene Anzeigen
eines Verbrechen wohl auseinander
setzen, und deutlich an die Hand geben,
welche erklecklich seyn sollen, einen
Menschen mit dem Gefängniß zu belegen,

gen, und in der Folge einer peinlichen
Untersuchung und der Bestrafung zu
unterwerfen.   Z. B. Der öffentliche
Ruf, der ihn anklaget, eine beständige
Feindschaft mit dem Beleidigten, das
Corpus delicti und dergleichen Anzeigen
sind hinreichende Proben, um einen
Bürger in Verhaft zu nehmen, aber
diese Proben müssen von dem Gesetze
und nicht von den Richtern bestimmet
werden, denn die Entschlüsse der Rich=
ter sind meistentheils der bürgerlichen
Freyheit zuwieder, woferne nicht durch
ein öffentliches Gesetzbuch allgemeine
Grundregeln bestimmet sind, woraus
dergleichen richterliche Sprüche abgelei=
tet werden müssen.   So bald als die
Strafen werden gemäßiget seyn, so
bald die Gefangene nicht mehr in Hun=
ger und äusserster Müheseligkeit werden
darben müssen, so bald das Mitleiden
und die Menschlichkeit die eisenen Por=
ten durchdringen, und den unerbit=
lichen und verhärteten Dienern der
Gerechtigkeit Schranken setzen wird,
alsdann werden die Gesetze auch mit
schwächern Anzeigen, um jemand in
                                    Ver=

zerhaft zu nehmen, sich begnügen
önnen. Ein Mensch, der eines Ver-
rechens angeklagt, eingekerkert und
oßgesprochen worden, sollte kein Zei-
hen der Schande mit sich herumtragen.
Wie viele Römer, so der schwersten
Verbrechen angeklagt, hernach aber
nschuldig befunden worden, hat das
Bolk nicht allein seiner Verehrung
würdig geschätzt, sondern noch dazu
enselben die vorzüglichsten Ehrenstellen
nd Aemter anvertrauet? Wo kömmt
s aber her, daß zu unsern Zeiten ein
o sehr ungleiches Schicksal der Unschuld
u Theil wird? warum wartet auf selbe
in so trauriger Ausgang? Die Ur-
achen davon sind nicht schwer zu erra-
hen, es scheint nämlich, daß es heu-
iges Tages bey den peinlichen Pro-
essen auf das Willkürliche der mensch-
chen Vorurtheile ankomme, und daß
ie abgöttische Verehrung, womit man
em Götzenbilde der Gewalt und Ueber-
acht Weyhrauch streuet, die ächten
Begriffe von Gerechtigkeit gänzlich
inweg geschreckt habe; weil nämlich
in bloß Angeklagter mit demjenigen,

C   so

eines Verbrechens gänzlich überwiesen
ist, vermenget, und einer wie der andere in ein Gefängniß geworfen wird.
Endlich weil das Gefängniß selbst vielmehr eine Strafe, als ein Aufenthalt
zur Verwahrung eines Angeklagten ist.
Daran mag noch weiters die Ursach
seyn, daß, die zur Handhabung der
äusserlichen Sicherheit des Staats,
dann die eine ganze Nation, den Thron
des Regenten schützende Gewalt, von
jener Gewalt abgesöndert, und gänzlich
unterschieden ist, die über die Gesetze,
und über die innerliche Sicherheit zu
wachen hat. Beyde sollten vereinbaret
seyn. Wenn diese unter dem öffentlichen
Ansehen der Gesetze stehende Gewalt
eine wirkliche Gerichtsbarkeit hätte,
und nicht unmittelbar von einem Ma-
gistrate abhienge; so würde das, eine
Soldaten Schaar begleitende Gepränge
und Ansehen die Entehrung bey der
Gefangennehmung abschaffen, wie wir
es in der That sehen, daß das Soldaten Gefängniß gar nicht entehre, wohl
aber das bürgerliche. Denn eine solche
Entehrung, wie alle übrige pöbelhafte
Mey-

Meynungen gründet sich vielmehr auf
die äusserliche Gestalt, als auf das
Wesen, mehr auf die Art, als auf die
Sache selbst. Wahrhaftig unsere Gesetze, und unsere Sitten verrathen noch
wirklich manche Spuren von denen wilden Vorurtheilen und unmenschlichen
Begriffen jener nordischen Raubvölker,
von welchen wir abstammen: sehr viele
erkennen heut zu Tage diese Wahrheit:
allein eine allgemeine Verbesserung der
Gesetze und Sitten ist insgemein ein
Werk von mehr als einem Jahrhundert.

§. VII.

Von gerichtlichen Urkunden und Muthmassungen, dann der Förm- lichkeit des peinlichen Verfahrens.

Will man die Gewißheit einer Handlung, zum Beyspiel: wie weit die
Anzeigen einer Missethat hinreichend
sind, sicher berechnen, so kann man
folgende sehr nützliche Grundregel

C 2 an-

anwenden. Je mehr nämlich eines
theils die Proben einer Handlung unter sich voneinander abhängen, das ist,
wenn die verschiedenen Anzeigen so ge-
artet sind, daß eine ohne der andern
nicht erweislich ist, so ist die Wahrscheinlichkeit der Handlung desto geringer, je mehrere Beweise zu derselben
Bestärkung angeführt werden: die Ursache davon liegt klar vor Augen: weil
nämlich der mindeste Umstand, welcher
die vorhergehenden Beweise entkräften
würde, zugleich allen nachfolgenden
und damit verknüpften übrigen Proben
alles Gewicht benehmen müßte. Han-
gen aber dergleichen Beweise nicht von
einander ab, das ist, wenn jede einzelne Anzeige für sich allein die Probe
machet, so wächst die Wahrscheinlichkeit der Handlung in ebem dem Grade
an, als die Proben stärker sind, welche
den Beweisthum unterstützen sollen,
weil auch im Falle, daß ein Beweis
sollte falsch befunden werden, dieses
auf den andern Beweis gar keinen Einfluß hat. Ich rede aber nur von der
Wahrscheinlichkeit bey jener Gattung
der

der Verbrechen, welche, wenn sie sollen beſtrafet werden, eine würkliche Gewißheit erfordern. Man wird ſich hierüber nicht verwundern, wenn man bedenket, daß die ſittliche Gewißheit im ſtrengen Verſtande genommen, nur eine Wahrſcheinlichkeit iſt, aber eine ſolche Wahrſcheinlichkeit, ſo man deswegen Gewißheit nennen kan, weil ein jeder vernünftige Menſch derſelben aus einem gewiſſen innerlichen Triebe, der allem mühſamen Nachſinnen zuvor kömmt, nothwendig beypflichten muß. Um alſo einen Menſchen für ſchuldig zu erkennen, erfordere ich eine ſolche Gewißheit, welche jedermann in ſeinem Thun und Laſſen ſchlüßig machen kann. Man kann aber dieſe Gewißheit weit leichter empfinden, als genau beſchreiben. Ich halte demnach jenes für das beſte Geſetz, welches das Gericht mit mehrern Urtheilſprechern beſetzt haben will, welche dazu nicht durch die Wahlſtimmen, ſondern durch das Loos gelangen ſollen, dann in dieſem Falle iſt das Urtheil des Unwiſſenden, der aus Empfindung ſpricht, ſicherer, als

C 3

des

des Vielwiſſenden, der von Vorurtheilen verblendet wird. Gäbe es nur ir-
gend klare und genau beſtimmte Geſetze,
ſo würde das Amt des Richters nur in
dem beſtehen, daß er blos über die Gewißheit einer Handlung zu ſprechen
hätte. Seye es, daß zur Aufſuchung
der Proben eines Verbrechens Taug-
lichkeit und Geſchicklichkeit, zur Abfaſ-
ſung eines Schluſſes Deutlichkeit, und
zur Verurtheilung nach dieſem nämlichen Schluſſe Genauigkeit erfordert
wird; ſo hat man darzu nur einer ein-
förmigen, ordentlichen und geſunden
Vernunft vonnöthen, welche untrüg-
licher iſt, als das Vielwiſſen eines
Richters, der ſich gewöhnet hat, allenthalben Schuldige finden zu wollen,
und welcher alles auf ſein willkürliches,
von den erlernten Wiſſenſchaften ent-
nommenes Lehrgebäude ankommen läßt.
Glückſelig würde jenes Volk ſeyn, deſſen Geſetze keine gleichſam zum Hand-
werke geordnete Wiſſenſchaft ſwären!
Sehr nützlich iſt jenes Geſetz, daß ein
jeder Menſch nur von ſeines gleichen
ſollte gerichtet werden; denn wo es um
die

die Freyheit und das ganze Glück eines
Bürgers zu thun ist, müssen jene Empfindungen schweigen, so die Ungleichheit einflößt; und niemals soll jener
Stolz, womit der glückliche Mensch
auf den unglücklichen Herabsicht, und
ener Unwillen, womit der Unglückliche
den Höhern betrachtet, bey einer solchen Gerichtshandlung einigen Einfluß
haben. Wenn es aber um ein Verbrechen zu thun wäre, wodurch ein
Dritter beleidiget würde, so müßten die
Urtheilsprecher zur einen Hälfte von
dem Stande des Beleidigers, und zur
andern Hälfte von dem Stande des Beleidigten genommen werden: und da
auf solche Weise alle eigennützige Pri-
vatabsichten schweigen müßten, wodurch eben auch wider unsern Willen
öfters der Gegenstand eine andere
Aussicht gewinnet, so wird nur allein
in solchem Falle Gesetz und Wahrheit
sprechen. Ueber dieses ist es auch der
Gerechtigkeit gemäß, daß der Angeklagte bis auf ein gewisses Ziel solche
Menschen vom Richteramte ausschließ-
en könne, die ihm verdächtig sind;

C 4

ver-

vergönnet man ihm dieses ohne Beschränkung der Zeit, so wird sich der
Angeklagte selbst zu verdammen schei=
nen. Oeffentlich sollten die Gerichtshandlungen vorgehen, und die Beweise
der Schuldhaftigkeit offentlich darge-
than werden, damit das Vorurtheil,
welches vielleicht die einzige Kütte der
bürgerlichen Gesellschaft ist, die Macht
und die Leidenschaften bezähme, damit
das Volk sagen möge: wir sind keine
Sklaven, wir werden beschützet, eine
Empfindung, welche Muth einflösset,
und bey dem Regenten, der seine wahre
Vortheile kennet, so viel als eine Ab=
gabe gilt. Ich schweige von andern
Kleinigkeiten und Vorsehungen, so
dergleichen Anordnungen erheischen.
Ich würde nichts gesagt haben, wenn
ich alles sagen müßte.

§. VIII.

Von Zeugen.

In einer jeden guten Gesetzgebung
wird als ein Hauptpunkt erfordert,
daß

daß die Glaubwürdigkeit der Zeugen
und die Proben der Schuldhaftigkeit
genau bestimmet werden. Jeder vernünftige Mensch, nämlich ein solcher,
welcher seine eigene Begriffe zu verbinden weiß, und der seine Empfindungen,
wie andere Menschen hat, kann einen
Zeugen abgeben; jedoch muß seine
Glaubwürdigkeit je mehr oder weniger
ab oder zunehmen, nämlich nachdem
als den Zeugen mehr oder weniger
daran gelegen ist die Wahrheit zu
sagen.

Dieser Grundsatz gibt uns sogleich
zu erkennen, wie nichtig und possenhaft
jene Gründe der Gesetze sind, die Weiber wegen ihrer Schwachheit, verurtheilte, weil sie für tode im bürgerlichen
Stande gehalten werden, und Unehrliche aus eben so unbeträchtlichen Ursachen vom Zeugnisse ausschliessen. Jedem Menschen muß man glauben, der
keine Ursach zum lügen hat.

Unter andern Mißbrauchen der
Sprachlehre, welche nicht wenig in die
menschliche Angelegenheiten eingeflossen,
ist derjenige merkwürdig, wodurch die

Aus-

Aussage eines schon zum Tode ver=
dammten Missethäters für nichtig und
unwirksam gehalten wird; er ist bür=
gerlicher Weise todt, sprechen mit
einer wichtigen Mine die sophistischen
Rechtsgelehrten, und ein Todter ist
keiner Handlung mehr fähig. Zur Be=
hauptung dieser eiteln Metapher sind
schon viele Opfer abgeschlachtet, und
oft genug mit einer ernsthaften Wider=
legung gestritten worden, ob nicht die
Wahrheit selbst einer gerichtlichen
Feyerlichkeit weichen soll? die Aussagen
eines verurtheilten Missethäters dürfen
zwar den Lauf der Gerechtigkeit nie=
mals einhalten; wird aber dieses ver=
hüttet, warum sollte man nicht, auch
nach der Verdammung dem äussersten
Elend des Unglücklichen und zum Vor=
theile der Wahrheit noch etwas Zeit
vergönnen, binnen welcher er neue An=
zeigen, wodurch die Wesenheit der
Handlung verändert wird, herbey
schaffen, und entweder sich selbst oder
andere mittelst eines neuen gerichtlichen
Vorganas rechtfertigen könnte? die
Förmlichkeiten und Ceremonien sind
bey

bey Verwaltung der Gerechtigkeit
nothwendig, theils, weil sie das willkürliche der Obrigkeitlichen Personen
ausschliessen; theils, weil sie dem Volke
eine Vorstellung von einem standhaften
und gesetzmäßigen, nicht aber voreili-
gen oder eigennützigen Gerichte beybringen, und endlich, weil auf nach-
siffende und der Gewohnheit sklavisch
nachgehende Menschen jene Dinge, so
in die Sinne fallen, einen grössern Eindruck machen, als die Vernunftschlüsse.
Aber niemals können Feyerlichkeiten,
welche der Wahrheit selbst zum Nach-
theile gerathen dürften, von den Gesetzen, ohne die Gerechtigkeit der Gefahr blos zu stellen, bestimmet werden.
Man soll also jedermann als Zeugen annehmen, bey dem man weiß, daß er
keine Ursache Unwahrheit zu reden,
habe.

Die Glaubwürdigkeit eines Zeuges
muß nach dem Verhältnisse des Hasses
der Freundschaft und der engen Bin-
dungen, welche zwischen ihm und dem
Beklagten obwalten, ab oder zunehmen. Es sind auch mehrere als ein
Zeug

Zeug nothwendig, weil indeſſen da
einer bejahet und der andere verneinet,
keine Gewißheit vorhanden iſt, und
der Beklagte vor unſchuldig gehalten
werden muß. Weiters wird die Glaubwürdigkeit eines Zeuges auch deſto geringer, je ſchwerer und unwahrſchein-
licher das bezeugte Verbrechen iſt. Die
Kriminaliſten haben einen Grundſatz
der dieſem ganz entgegen iſt. Hier iſt
ihr Satz, den ihnen eine von den grauſamſten Schwachheiten eingegeben hat:
in atrociſſimis leviores conjecturæ ſuffi-
ciunt, & licet judici jura transgredi.
Wir wollen dieſe Regel in unſer Mut-
terſprache überſetzen, und den Euro-
peern eine von den höchſt unvernünfti-
gen Maximen vor Augen legen, deren
man ſo viele, oft ohne es zu wiſſen angenommen hat. Bey dem ſchwerſten,
das iſt dem unwahrſcheinlichſten Verbrechen ſind die geringſten Muthmaſſungen gegen den Angeklagten hinlänglich, und der Richter darf von
den Geſetzen abweichen. Allein die
praktiſchen Ungereimtheiten der Geſetzgebung, ſind öfters ein Werk der
Furcht,

urcht, dieſer fruchtbaren Quelle
ienſchlicher Widerſprüche. Die Pri=
atgeſetzgeber, das iſt, die Rechtsge=
:hrten, deren Ausſprüche erſt nach ih=
en Tode entſcheidend ſind, und die
us eigennützigen Schriftſtellern, deren
Neynungen bey ihrem Leben feil wa=
en, unumſchränkte Richter über das
Schickſal der Menſchen werden, dieſe
Privatgeſetzgeber, ſage ich, durch die
Verdammung einiger Unſchuldigen in
Schrecken geſetzt überhäuften die
Rechtsgelährtheit mit unnützen Forma=
itäten, deren genaue Beobachtung die
ngeſtrafte Anarchie auf den Thron der
Gerechtigkeit erheben würde: zur an=
ern Zeit ließen ſie ſich von entſetzlichen
nd ſchwer zu beweiſenden Verbrechen
inreiſſen, und glaubten, daß ſie die
othwendigſten Formalitäten, die ſie
lbſt eingeführt hatten, hintanſetzen
iüſſen. Auf dieſe Weiſe haben ſie bald
urch eine deſpotiſche Aufführung, der
ran nicht widerſtehen kann, bald
urch eine kindiſche Furcht, die Ge=
chte, gegen welche die Menſchen Ehr=

furcht

in der Menge ihrer Umstände, und in
den Wirkungen, die daraus entstehen,
Spuren hinter sich zurück; und je grösser die Anzahl dieser in der Anklage angegebenen Wirkungen und Umstände
ist, desto mehr Mittel hat der Beklagte, sich zu rechtfertigen. Allein
Reden lassen keine Spuren hinter sich
zurück, und sind nirgends vorhanden,
als in dem Gedächtnisse der Zuhörer,
welches zum öftern ungetreu ist, oder
sich verführen läßt. Es ist demnach
unendlich leichter, Reden, als Handlungen zum Grunde einer Verleumdung anzugeben.

§. IX.

Von heimlicher Anklage.

Die geheime Anklage ist ein offenbarer
Mißbrauch, die aber gleichwol
bey vielen Völkern als heilig gehalten
wird. Sie ist nur als eine Folge einer
schwachen Regierung nothwendig. Sie
macht die Menschen falsch und treulos.
Derjenige, der seinen Mitbürger, als
sei-

seinen geheimen Ankläger in Verdacht
haben kann, wird ihn bald als seinen
Feind ansehen. Man gewöhnt sich,
seine Gedanken zu verstellen, und die
einmal angenommene Gewohnheit, sie
vor andern zu verbergen, bringt uns
bald so weit, sie vor uns selbst zu verbergen. Unglückselig sind die Menschen
in diesen traurigen Umständen. Sie
irren auf einem unbegränzten Meere
herum, einzig und allein damit beschäftiget, sich von den geheimen Anklä-
gern, als so viel Ungeheuern, die ihnen drohen, zu erretten. Die Ungewißheit der Zukunft verbittert ihnen die
gegenwärtigen Augenblicke. Beraubt
des dauerhaften Vergnügen, der Ruhe
und Sicherheit, verbleiben ihnen kaum
einige wenige hier und da während ihres traurigen Lebens zerstreute Freuden
übrig, wodurch sie sich, in dem sie von
Angst und Unordnung verzehret werden, gelebt zu haben noch trösten können. Und aus solchen Menschen sollen
wir unerschrockene Soldaten zu bilden
uns Hofnung machen können, welche
den Thron des Regenten befestigen,

D   und

und unser Vaterland schützen sollen?
Wie? unter solchen Menschen werden
wir unpartheyische Obrigkeiten finden?
Männer, die mit freyer und patriotischer Beredsamkeit die wahren Vortheile des Regenten entwickeln und unterstützen? welche mit den Abgaben zugleich die Liebe und die Segenswünsche
aller Stände der Bürger vor den
Thron bringen? und von dortaus sowohl über die Palläste als die armen
Schäferhütten, den Frieden und die
Sicherheit, und endlich jene arbeitsame
Hofnung, sein Schicksal zu verbessern,
verbreiten, welche Hofnung die nützlichste Gährung und das Leben der
Staaten ist?

Wer wird sich vor der Verläum-
dung erwehren können, wenn sie mit
dem stärksten Schilde der Tirannen,
nämlich der Heimlichkeit, bewafnet ist?
Was für ein Staats-Verfassung ist
doch diejenige, allwo der Regent einen
jeden seiner Unterthanen als seinen
Feind im Verdacht hält, und der
öffentlichen Ruhe wegen, einem jeden
die seinige zu nehmen gezwungen ist?

Was

Was kann man wohl für Bewegungsgründe anführen, die heimlichen Anklagen und Bestrafungen zu rechtfertigen? soll man das öffentliche allgemeine Beste, die Sicherheit und die
Behauptung der eingeführten Regierungsart eines Landes vorschützen können? gibt es aber wohl eine seltsamere
Staats-Verfassung, als wo derjenige,
der mit der Macht des Staats, und
mit dem Vorurtheile, welches vielleicht
mehr als die Macht selbst wirkt, bewafnet ist, dennoch vor jedem Bürger
sich fürchtet? oder soll diese Heimlichkeit den Ankläger vor aller Gefahr
sicher stellen? Ey, so müßten die Gesetze ihn zu beschützen nicht Kraft genug
haben, und der Unterthan mächtiger
als der Regent seyn! oder will man
dadurch die Schande von dem Angeber
ablehnen, so würde ja dadurch die
heimliche Verleumdung gutheissen, und
nur die öffentliche bestrafet werden?
oder erfordert es die Natur des Verbrechens? Ja! wenn man gleichgültige oder dem gemeinen Wesen wohl
gar nützliche Handlungen zu Verbrechen

D 2   macht,

macht, so können die Anklagen und Ge=
richts Handlungen nie heimlich genug
vor sich gehen. Kann es wohl Verbrechen
geben, das ist, öffentliche Beleidigungen,
ohne daß der allgemeinen Wohlfart nicht
zugleich daran gelegen seyn sollte, daß sol=
che Verbrechen durch ein öffentlich darü=
ber gehaltenes Gericht zum öffentlichen
Beyspiel bestrafet werden? Ich verehre
zwar jede Regierungsart, und rede
von keiner insbesondere. Die Umstände
sind auch manchmal so beschaffen, daß
man durch Hebung eines Uebels, ab=
sonderlich wenn es in das Staatsge=
bäude eines Volkes verwebet ist, den
Staat selbst zu Grund richten würde;
sollte ich aber in dem entferntesten
Winkel des Erdkreises neue Gesetze
vorschreiben müssen, so würde mir, ehe
ich einen solchen Gebrauch einführen
könnte, die Hand erzittern, und das
Unglück einer ganzen Nachkommen=
schaft vor Augen schweben. Schon
Montesquiou machte die Anmerkung,
daß die offentlichen Anklagen einer re=
publikanischen Staatsverfassung gemäs=
ser seyen, wo das allgemeine Beste die
Haupt=

Hauptleidenschaft der Bürger aus=
machen sollte, nicht aber einer Mo=
narchie, wo der natürlichen Eigen=
schaft, der Verfassung wegen, diese
Empfindung viel zu schwach ist, wo
man am besten thut, einige Commissa=
cien zu ernennen, welche im Namen
des gemeinen Wesen die Uebertretter der
Gesetze anklagen. Wohl aber sollte man in
einer jeden sowohl republikanischen als
monarchischen Staatsverfassung dem
Verläumder die nämliche Strafe zu er=
kennen, welche den Angeklagten betrof=
fen hätte.

§. X.

Von eingeblichen oder Suggestif= Fragen und Aussagen.

Unsere Gesetze verbieten in dem gericht=
lichen Verhör jene Fragart, die
man suggestiv nennet: die Rechtsge=
ehrte verstehen dadurch eine Art, wo
man den Beklagten über die Umstände
eines Verbrechens nicht überhaupt (in
genere) wie es natürlicher Weiß seyn
sollte, sondern über besondere Umstände
(in specie) befraget: Jene Art nämlich,
welche,

welche, da sie auf das Verbrechen sich
unmittelbar beziehet, auch den Beklagten auf eine unmittelbare Antwort
bringt. (suggerirt) Die Absicht der
peinlichen Rechtslehrer bey dieser Be-
fragungsart ist keine andere, als daß
man dadurch die Handlung gleichsam
in einen Schneckenkreis verwinden,
nicht aber geradenwegs darauf dringen
soll. Die Bewegungsgründe, die man
zu Einführung dieser Regeln gehabt
hat, sind, weil man entweder dem
Beklagten keine Antwort, wodurch er
sich retten könnte, in den Mund legen
will, oder weil man glaubte, es wäre
wider die Natur, daß ein Schuldiger
sich selbst anklagen sollte. Allein welchen
von beyden Bewegungsgründen man
auch vor Augen mag gehabt haben, so
sind doch die Gesetze in einen merkwür-
digen Widerspruch verfallen, indem sie
die sogenannten verfänglichen Fragen
verboten, und doch zu gleicher Zeit die
Tortur gebilliget haben. Denn welche
Frage kann wohl so, wie der Schmerz,
eine Antwort in den Mund legen?
Wenn man dem Beklagten keine Antwort

wort eingeben muß, flösset denn nicht
der Schmerz einem starken Menschen
ein hartnäckiges Stillschweigen ein,
durch dessen Hülfe er eine grössere
Strafe in eine geringere verwandelt;
und einem schwachen Menschen ein Be=
känntniß, wodurch er sich von einem
gegenwärtigen Uebel befreyet, das ei=
nen stärkern Eindruck, als das ent=
fernte Uebel auf ihn macht? Ist eine
Specialfrage dem Rechte der Natur
zuwider, indem sie den Beschuldigten
sich selbst anzuklagen verleitet, wird
ihm denn nicht die Marter einen weit
stärkern Anlaß hierzu geben? Allein
die Menschen richten sich mehr nach
dem Unterschiede der Wörter, als nach
den Sachen selbst.

Wir wollen mit einer andern An=
merkung schliessen. Sollte ein Beklag=
ter während der Ausforschung auf die
ihm vorgelegte Fragen zu antworten
sich hartnäckig weigern, so verdienet
ein solcher eine und zwar aus denen die
das Gesetz bestimmet, und auferleget
schärfere Strafe, damit nicht die Men=
schen sich der Nothwendigkeit dem ge=

D 4   mei=

des Vielwissenden, der von Vorurtheilen verblendet wird. Gäbe es nur ir-
gend klare und genau bestimmte Gesetze,
so würde das Amt des Richters nur in
dem bestehen, daß er blos über die Gewißheit einer Handlung zu sprechen
hätte. Seye es, daß zur Aufsuchung
der Proben eines Verbrechens Taug-
lichkeit und Geschicklichkeit, zur Abfas-
sung eines Schlusses Deutlichkeit, und
zur Verurtheilung nach diesem nämlichen Schlusse Genauigkeit erfordert
wird; so hat man darzu nur einer ein-
förmigen, ordentlichen und gesunden
Vernunft vonnöthen, welche untrüg-
licher ist, als das Vielwissen eines
Richters, der sich gewöhnet hat, allenthalben Schuldige finden zu wollen,
und welcher alles auf sein willkürliches,
von den erlernten Wissenschaften ent-
nommenes Lehrgebäude ankommen läßt.
Glückselig würde jenes Volk seyn, dessen Gesetze keine gleichsam zum Hand-
werke geordnete Wissenschaft wären!
Sehr nützlich ist jenes Gesetz, daß ein
jeder Mensch nur von seines gleichen
sollte gerichtet werden; denn wo es um
die

die Freyheit und das ganze Glück eines
Bürgers zu thun ist, müssen jene Empfindungen schweigen, so die Ungleichheit einflößt; und niemals soll jener
Stolz, womit der glückliche Mensch
auf den unglücklichen Herabsicht, und
ener Unwillen, womit der Unglückliche
den Höhern betrachtet, bey einer solchen Gerichtshandlung einigen Einfluß
haben. Wenn es aber um ein Verbrechen zu thun wäre, wodurch ein
dritter beleidiget würde, so müßten die
Urtheilsprecher zur einen Hälfte von
dem Stande des Beleidigers, und zur
andern Hälfte von dem Stande des Beleidigten genommen werden: und da
auf solche Weise alle eigennützige Pri-
vatabsichten schweigen müßten, wodurch eben auch wider unsern Willen
öfters der Gegenstand eine andere
Aussicht gewinnet, so wird nur allein
in solchem Falle Gesetz und Wahrheit
sprechen. Ueber dieses ist es auch der
Gerechtigkeit gemäß, daß der Angeklagte bis auf ein gewisses Ziel solche
Menschen vom Richteramte ausschlie-
ßen könne, die ihm verdächtig sind;

C 4

ver-

vergönnet man ihm dieses ohne Beschränkung der Zeit, so wird sich der
Angeklagte selbst zu verdammen scheinen. Offentlich sollten die Gerichtshandlungen vorgehen, und die Beweise
der Schuldhaftigkeit offentlich darge-
than werden, damit das Vorurtheil,
welches vielleicht die einzige Kütte der
bürgerlichen Gesellschaft ist, die Macht
und die Leidenschaften bezähme, damit
das Volk sagen möge: wir sind keine
Sklaven, wir werden beschützet, eine
Empfindung, welche Muth einflösset,
und bey dem Regenten, der seine wahre
Vortheile kennet, so viel als eine Abgabe gilt. Ich schweige von andern
Kleinigkeiten und Vorsehungen, so
dergleichen Anordnungen erheischen.
Ich würde nichts gesagt haben, wenn
ich alles sagen müßte.

§. VIII.

Von Zeugen.

In einer jeden guten Gesetzgebung
wird als ein Hauptpunkt erfordert,
daß

daß die Glaubwürdigkeit der Zeugen und die Proben der Schuldhaftigkeit genau bestimmet werden. Jeder vernünftige Mensch, nämlich ein solcher, welcher seine eigene Begriffe zu verbinden weiß, und der seine Empfindungen, die andere Menschen hat, kann einen Zeugen abgeben; jedoch muß seine Glaubwürdigkeit je mehr oder weniger ab oder zunehmen, nämlich nachdem als den Zeugen mehr oder weniger daran gelegen ist die Wahrheit zu sagen.

Dieser Grundsatz gibt uns sogleich zu erkennen, wie nichtig und possenhaft jene Gründe der Gesetze sind, die Weiber wegen ihrer Schwachheit, verurtheilte, weil sie für tode im bürgerlichen Stande gehalten werden, und Unehrliche aus eben so unbeträchtlichen Ursachen vom Zeugnisse ausschliessen. Jedem Menschen muß man glauben, der eine Ursach zum lügen hat.

Unter andern Mißbrauchen der Sprachlehre, welche nicht wenig in die menschliche Angelegenheiten eingeflossen, ist derjenige merkwürdig, wodurch die

C 5   Aus-

Aussage eines schon zum Tode ver-
dammten Missethäters für nichtig und
unwirksam gehalten wird; er ist bürgerlicher Weise todt, sprechen mit
einer wichtigen Mine die sophistischen
Rechtsgelehrten, und ein Todter ist
keiner Handlung mehr fähig. Zur Behauptung dieser eiteln Metapher sind
schon viele Opfer abgeschlachtet, und
oft genug mit einer ernsthaften Wider-
legung gestritten worden, ob nicht die
Wahrheit selbst einer gerichtlichen
Feyerlichkeit weichen soll? die Aussagen
eines verurtheilten Missethäters dürfen
zwar den Lauf der Gerechtigkeit niemals einhalten; wird aber dieses ver-
hüttet, warum sollte man nicht, auch
nach der Verdammung dem äussersten
Elend des Unglücklichen und zum Vortheile der Wahrheit noch etwas Zeit
vergönnen, binnen welcher er neue Anzeigen, wodurch die Wesenheit der
Handlung verändert wird, herbey
schaffen, und entweder sich selbst oder
andere mittelst eines neuen gerichtlichen
Vorganas rechtfertigen könnte? die
Förmlichkeiten und Ceremonien sind
bey

bey Verwaltung der Gerechtigkeit
nothwendig, theils, weil sie das willkürliche der Obrigkeitlichen Personen
ausschliessen; theils, weil sie dem Volke
eine Vorstellung von einem standhaften
und gesetzmäßigen, nicht aber voreili-
gen oder eigennützigen Gerichte beybringen, und endlich, weil auf nach-
äffende und der Gewohnheit sklavisch
nachgehende Menschen jene Dinge, so
in die Sinne fallen, einen grössern Eindruck machen, als die Vernunftschlüsse.
Aber niemals können Feyerlichkeiten,
welche der Wahrheit selbst zum Nach-
theile gerathen dürften, von den Gesetzen, ohne die Gerechtigkeit der Gefahr blos zu stellen, bestimmet werden.
Man soll also jedermann als Zeugen annehmen, bey dem man weiß, daß er
keine Ursache Unwahrheit zu reden,
habe.

Die Glaubwürdigkeit eines Zeuges
muß nach dem Verhältnisse des Hasses
der Freundschaft und der engen Bin-
dungen, welche zwischen ihm und dem
Beklagten obwalten, ab oder zunehmen. Es sind auch mehrere als ein
Zeug.

Zeug nothwendig, weil indeſſen da
einer bejahet und der andere verneinet,
keine Gewißheit vorhanden iſt, und
der Beklagte vor unſchuldig gehalten
werden muß. Weiters wird die Glaubwürdigkeit eines Zeuges auch deſto geringer, je ſchwerer und unwahrſchein-
licher das bezeugte Verbrechen iſt. Die
Kriminaliſten haben einen Grundſatz
der dieſem ganz entgegen iſt. Hier iſt
ihr Satz, den ihnen eine von den grauſamſten Schwachheiten eingegeben hat:
in atrociſſimis leviores conjecturæ ſuffi-
ciunt, & licet judici jura transgredi.
Wir wollen dieſe Regel in unſer Mut-
terſprache überſetzen, und den Euro-
peern eine von den höchſt unvernünfti-
gen Maximen vor Augen legen, deren
man ſo viele, oft ohne es zu wiſſen angenommen hat. Bey dem ſchwerſten,
das iſt dem unwahrſcheinlichſten Verbrechen ſind die geringſten Muthmaſſungen gegen den Angeklagten hinlänglich, und der Richter darf von
den Geſetzen abweichen. Allein die
praktiſchen Ungereimtheiten der Geſetzgebung, ſind öfters ein Werk der
Furcht,

Furcht , dieſer fruchtbaren Quelle
menſchlicher Widerſprüche. Die Pri=
vatgeſetzgeber , das iſt , die Rechtsge=
lehrten , deren Ausſprüche erſt nach ih=
ren Tode entſcheidend ſind , und die
aus eigennützigen Schriftſtellern , deren
Meynungen bey ihrem Leben feil wa=
ren , unumſchränkte Richter über das
Schickſal der Menſchen werden , dieſe
Privatgeſetzgeber , ſage ich , durch die
Verdammung einiger Unſchuldigen in
Schrecken geſetzt überhäuften die
Rechtsgelährtheit mit unnützen Forma=
litäten , deren genaue Beobachtung die
ungeſtrafte Anarchie auf den Thron der
Gerechtigkeit erheben würde : zur an=
dern Zeit ließen ſie ſich von entſetzlichen
und ſchwer zu beweiſenden Verbrechen
hinreiſſen , und glaubten , daß ſie die
nothwendigſten Formalitäten , die ſie
ſelbſt eingeführt hatten , hintanſetzen
müſſen. Auf dieſe Weiſe haben ſie bald
durch eine deſpotiſche Aufführung , der
man nicht widerſtehen kann , bald
durch eine kindiſche Furcht , die Ge=
richte, gegen welche die Menſchen Ehr=
furcht

furcht hegen sollten, gewisser massen in
ein Hazardspiel verwandelt.

Diese Maxime, daß die Glaub=
würdigkeit eines Zeugen desto geringer
ist, je schwerer das Verbrechen, und
je unwahrscheinlicher die Umstände sind,
läßt sich bey Hexenprocessen, und sol=
chen Handlungen, die ohne den ge=
ringsten Nutzen grausam sind, anwen=
den. Im ersten Fall ist es viel wahr=
scheinlicher, daß eine gewisse Anzahl
Leute, aus Haß oder Unwissenheit ver=
läumden, oder sich irren, als daß ein
Mensch eine Macht ausüben sollte, die
GOtt allen Geschöpfen versaget hat.
Im zweyten Falle das ist, wenn man
einem Beklagten eine mit keinem Vor=
theil verknüpfte grausame Handlung
beymißt, ist die Vermuthung noch
darzu wider den Ankläger, weil der
Mensch niemals, ohne Vortheil davon
zu hoffen, ohne Bewegungsgründe des
Hasses, oder der Furcht, u. s. w.
grausam ist. Das menschliche Herz
hat keine unnütze und überflüßige Ge=
sinnungen; diejenigen, welche es in
Bewegung setzen, entspringen sammt=
lich

lich aus den auf die Sinne gemachten
Eindrucken.

Die Glaubwürdigkeit eines Zeugen kann bisweilen geringer seyn, wenn
er ein Mitglied einer besondern Gesellschaft ist, deren Gewohnheiten, und
Grundsätze nicht sehr bekannt, oder
von den allgemeinen Gewohnheiten und
Grundsätzen unterschieden sind, weil
ein solcher Mensch nicht allein von seinen eignen, sondern noch darzu von
fremden Leidenschaften beherrschet wird.
Die Glaubwürdigkeit eines Zeugen ver-
schwindet endlich fast ganz und gar,
wenn es auf gewisse Reden ankömmt,
die man als ein Verbrechen auslegen
will; weil der Ton, die Geberden, weil
alles, was vor den verschiedenen Begriffen, welche die Menschen mit ihren
Reden verbinden, vorher geht, sie begleitet, und ihnen folgt, ihre Reden
so gewaltig verändert, und bestimmet,
daß es fast unmöglich ist, sie nach allen
Umständen so zu wiederholen, wie sie
anfangs sind vorgetragen worden. Gewaltthätige Handlungen, und solche,
die wahrhafte Verbrechen sind, lassen
in

in der Menge ihrer Umstände, und in
den Wirkungen, die daraus entstehen,
Spuren hinter sich zurück; und je gröf-
ser die Anzahl dieser in der Anklage angegebenen Wirkungen und Umstände
ist, desto mehr Mittel hat der Beklagte, sich zu rechtfertigen. Allein
Reden lassen keine Spuren hinter sich
zurück, und sind nirgends vorhanden,
als in dem Gedächtnisse der Zuhörer,
welches zum öftern ungetreu ist, oder
sich verführen läßt. Es ist demnach
unendlich leichter, Reden, als Handlungen zum Grunde einer Verleumdung anzugeben.

§. IX.

Von heimlicher Anklage.

Die geheime Anklage ist ein offenbarer
Mißbrauch, die aber gleichwol
bey vielen Völkern als heilig gehalten
wird. Sie ist nur als eine Folge einer
schwachen Regierung nothwendig. Sie
macht die Menschen falsch und treulos.
Derjenige, der seinen Mitbürger, als
sei-

einen geheimen Ankläger in Verdacht
haben kann, wird ihn bald als seinen
Feind ansehen. Man gewöhnt sich,
eine Gedanken zu verstellen, und die
inmal angenommene Gewohnheit, sie
vor andern zu verbergen, bringt uns
bald so weit, sie vor uns selbst zu verbergen. Unglückselig sind die Menschen
in diesen traurigen Umständen. Sie
irren auf einem unbegränzten Meere
herum, einzig und allein damit beschäftiget, sich von den geheimen Anklä-
gern, als so viel Ungeheuern, die ihnen drohen, zu erretten. Die Ungewißheit der Zukunft verbittert ihnen die
gegenwärtigen Augenblicke. Beraubt
des dauerhaften Vergnügen, der Ruhe
und Sicherheit, verbleiben ihnen kaum
einige wenige hier und da während ihres traurigen Lebens zerstreute Freuden
übrig, wodurch sie sich, in dem sie von
Angst und Unordnung verzehret werden, gelebt zu haben noch trösten können. Und aus solchen Menschen sollen
wir unerschrockene Soldaten zu bilden
uns Hofnung machen können, welche
den Thron des Regenten befestigen,

D   und

und unser Vaterland schützen sollen?
Wie? unter solchen Menschen werden
wir unpartheyische Obrigkeiten finden?
Männer, die mit freyer und patriotischer Beredsamkeit die wahren Vortheile des Regenten entwickeln und unterstützen? welche mit den Abgaben zugleich die Liebe und die Segenswünsche
aller Stände der Bürger vor den
Thron bringen? und von dortaus sowohl über die Palläste als die armen
Schäferhütten, den Frieden und die
Sicherheit, und endlich jene arbeitsame
Hofnung, sein Schicksal zu verbessern,
verbreiten, welche Hofnung die nützlichste Gährung und das Leben der
Staaten ist?

Wer wird sich vor der Verläum-
dung erwehren können, wenn sie mit
dem stärksten Schilde der Tiranney,
nämlich der Heimlichkeit, bewafnet ist?
Was für ein Staats-Verfassung ist
doch diejenige, allwo der Regent einen
jeden seiner Unterthanen als seinen
Feind im Verdacht hält, und der
öffentlichen Ruhe wegen, einem jeden
die seinige zu nehmen gezwungen ist?
Was

Was kann man wohl für Bewegungsgründe anführen, die heimlichen An-
lagen und Bestrafungen zu rechtfertigen? soll man das öffentliche allgemeine Beste, die Sicherheit und die
Behauptung der eingeführten Regierungsart eines Landes vorschützen können? gibt es aber wohl eine seltsamere
Staats-Verfassung, als wo derjenige,
der mit der Macht des Staats, und
mit dem Vorurtheile, welches vielleicht
mehr als die Macht selbst wirkt, bewafnet ist, dennoch vor jedem Bürger
sich fürchtet? oder soll diese Heimlichkeit den Ankläger vor aller Gefahr
sicher stellen? Ey, so müßten die Gesetze ihn zu beschützen nicht Kraft genug
haben, und der Unterthan mächtiger
als der Regent seyn! oder will man
dadurch die Schande von dem Angeber
ablehnen, so würde ja dadurch die
heimliche Verleumdung gutheissen, und
nur die öffentliche bestrafet werden?
oder erfordert es die Natur des Verbrechens? Ja! wenn man gleichgültige oder dem gemeinen Wesen wohl
gar nützliche Handlungen zu Verbrechen

macht,

macht, so können die Anklagen und Gerichts Handlungen nie heimlich genug
vor sich gehen. Kann es wohl Verbrechen
geben, das ist, öffentliche Beleidigungen,
ohne daß der allgemeinen Wohlfart nicht
zugleich daran gelegen seyn sollte, daß solche Verbrechen durch ein öffentlich darüber gehaltenes Gericht zum öffentlichen
Beyspiel bestrafet werden? Ich verehre
zwar jede Regierungsart, und rede
von keiner insbesondere. Die Umstände
sind auch manchmal so beschaffen, daß
man durch Hebung eines Uebels, absonderlich wenn es in das Staatsge-
bäude eines Volkes verwebet ist, den
Staat selbst zu Grund richten würde;
sollte ich aber in dem entferntesten
Winkel des Erdkreises neue Gesetze
vorschreiben müssen, so würde mir, ehe
ich einen solchen Gebrauch einführen
könnte, die Hand erzittern, und das
Unglück einer ganzen Nachkommenschaft vor Augen schweben. Schon
Montesquiou machte die Anmerkung,
daß die offentlichen Anklagen einer republikanischen Staatsverfassung gemäs-
ser seyen, wo das allgemeine Beste die

Haupt-

Hauptleidenschaft der Bürger aus=
machen sollte, nicht aber einer Mo=
narchie, wo der natürlichen Eigen=
schaft, der Verfassung wegen, diese
Empfindung viel zu schwach ist, wo
man am besten thut, einige Commissa=
rien zu ernennen, welche im Namen
des gemeinen Wesen die Uebertretter der
Gesetze anklagen. Wohl aber sollte man in
einer jeden sowohl republikanischen als
monarchischen Staatsverfassung dem
Verläumder die nämliche Strafe zu er=
kennen, welche den Angeklagten betrof=
fen hätte.

§. X.

Von eingeblichen oder Suggestif= Fragen und Aussagen.

Unsere Gesetze verbieten in dem gericht=
lichen Verhör jene Fragart, die
man suggestiv nennet: die Rechtsge=
ehrte verstehen dadurch eine Art, wo
man den Beklagten über die Umstände
eines Verbrechens nicht überhaupt (in
genere) wie es natürlicher Weiß seyn
sollte, sondern über besondere Umstände
(in specie) befraget: Jene Art nämlich,
welche,

welche, da sie auf das Verbrechen sich
unmittelbar beziehet, auch den Beklagten auf eine unmittelbare Antwort
bringt. (suggerirt) Die Absicht der
peinlichen Rechtslehrer bey dieser Be-
fragungsart ist keine andere, als daß
man dadurch die Handlung gleichsam
in einen Schneckenkreis verwinden,
nicht aber geradenwegs darauf dringen
soll. Die Bewegungsgründe, die man
zu Einführung dieser Regeln gehabt
hat, sind, weil man entweder dem
Beklagten keine Antwort, wodurch er
sich retten könnte, in den Mund legen
will, oder weil man glaubte, es wäre
wider die Natur, daß ein Schuldiger
sich selbst anklagen sollte. Allein welchen
von beyden Bewegungsgründen man
auch vor Augen mag gehabt haben, so
sind doch die Gesetze in einen merkwür-
digen Widerspruch verfallen, indem sie
die sogenannten verfänglichen Fragen
verboten, und doch zu gleicher Zeit die
Tortur gebilliget haben. Denn welche
Frage kann wohl so, wie der Schmerz,
eine Antwort in den Mund legen?
Wenn man dem Beklagten keine Antwort

wort eingeben muß, flößet denn nicht
der Schmerz einem starken Menschen
ein hartnäckiges Stillschweigen ein,
durch dessen Hülfe er eine grössere
Strafe in eine geringere verwandelt;
und einem schwachen Menschen ein Bekänntniß, wodurch er sich von einem
gegenwärtigen Uebel befreyet, das einen stärkern Eindruck, als das entfernte Uebel auf ihn macht? Ist eine
Specialfrage dem Rechte der Natur
zuwider, indem sie den Beschuldigten
sich selbst anzuklagen verleitet, wird
ihm denn nicht die Marter einen weit
stärkern Anlaß hierzu geben? Allein
die Menschen richten sich mehr nach
dem Unterschiede der Wörter, als nach
den Sachen selbst.

Wir wollen mit einer andern Anmerkung schliessen. Sollte ein Beklagter während der Ausforschung auf die
ihm vorgelegte Fragen zu antworten
sich hartnäckig weigern, so verdienet
ein solcher eine und zwar aus denen die
das Gesetz bestimmet, und auferlegt
schärfere Strafe, damit nicht die Menschen sich der Nothwendigkeit dem ge-

D 4   mei-

meinen Wesen an sich selbst ein abschre-
ckendes Beyspiel zu geben, zu entziehen
wagen sollten. Diese besondere Bestrafung ist hingegen nicht nothwendig,
wenn sonst kein Zweifel mehr übrig ist,
daß der Beklagte das ihm aufgebürdete
Verbrechen wirklich begangen habe,
die Ausforschung ist so gar in solchem
Falle eben so unnützlich, als das Bekänntniß des Missethäters, wenn andere Beweisthümer sein Verbrechen
hinlänglich bezeugen. Der letzte Fall
ist auch der öfteste, denn die Erfahrung hat gewiesen, daß in den meisten
Gerichtshandlungen die Angeklagten
ihre Schuld zu läugnen pflegen.

§. XI.

Von den Eidschwüren.

Ein abermaliger Widerspruch zwischen
den Gesetzen und den natürlichen
Empfindungen des Menschen entstehet
in den Eidschwüren, die man dem Beklagten abfordert, und dadurch ver-
langt, daß er eben zu einer Zeit die
Wahr-

Wahrheit am meisten lieben soll, wo doch der stärkste Eigennutz * ihn lügen heißt. Wie kann man ihm wohl eine Schuldigkeit zu schwören aufbürden, wann er dadurch seinen eigenen Umsturz befördern soll? schweigt nicht die Religion bey dem grösten Theile der Menschen still, wenn der Eigennutz redet? die Erfahrung aller Zeiten hat gezeiget, daß man von diesem kostbaren Geschenk des Himmels mehr als von jedem andern Dinge den größten Mißbrauch gemacht hat; aus welchem Bewegungsgrunde sollten wohl die Lasterhaften einen Eidschwur in Ehren halten, wenn Menschen, die man für die Weisesten hielt, ihn so oft verletzet haben? die Beweggründe die im solchen Fall die Religion Wahrheit zu reden darbietet, sind viel zu schwach und zu unempfindlich, wenn anderseits die Furcht des Uebels, die Eigenliebe, und die Sorgfalt sein Leben zu erhalten als nähe schon anwesende Folgen entgegen

D 4 gen

* Denn das gegenwärtige Uebel oder Gutte macht immer mehr Eindruck als das entfernte.

gen stehen. Die Angelegenheiten des
Himmels müssen nach ganz andern Gesetzen als die Angelegenheiten schwacher
Menschen beurtheilt werden; und warum soll man eines dem andern entgegen setzen? und warum soll man den
Menschen in die Gefahr jenes entsetz-
lichen Widerspruchs bringen: entweder
GOtt zu mißfallen, oder seinen eigenen Untergang zu befördern? auf solche
Art befiehlt das Gesetz, welches einen
solchen Eidschwur auferlegt, daß man
entweder ein böser Christ, oder ein
Martyrer werde. Nach und nach wird
der Eidschwur eine bloße äußerliche
Feyerlichkeit werden, und die Kraft
der Religionsempfindungen, das einzige Pfand der Ehrlichkeit bey dem
grösten Theile der Menschen richtet sich
auf solche Art selbst zu Grunde. Wie
unnützlich die Eidschwüre sind, hat die
Erfahrung gezeigt. Ein jeder Richter
könnte mir hierüber Zeugniß geben,
daß man niemals mittels eines Eid-
schwurs die eigentliche Wahrheit von
einen Beklagten heraus gebracht; eben
diese Unnutzbarkeit zeiget uns die Vernunft,

nunft, welche alle jene Gesetze, die den
natürlichen Empfindungen des Menschen zuwider sind, für unnütz und
folgsam für schädlich erklärt. Es gehet
dergleichen Gesetzen wie den Däm-
men, die schnurstracks einem reisenden
Stromme entgegen gesetzt sind; entweder werden sie unmittelbar umgewor-
fen, und eingestürzt, oder ein von ihnen selbsten verursachter Wirbel frist sie
aus, und untergräbt sie unvermeidlich.

§. XII.
Von der Folter oder Tortur.

Unter die Grausamkeiten, welche der
Gebrauch bey den meisten Völkern
geheiliget hat, gehöret auch die peinliche Frage oder die Folter, womit
man den Beschuldigten während des
Laufs des Processes beleget, und das
in der Absicht: entweder das Bekenntniß des Verbrechens von ihm zu erzwingen, oder die Widersprüche, wo-
rein er bey der Aussage gerathen ist,
aufzuklären, oder andere Verbrechen
zu

zu entdecken, deren man ihn zwar nicht
angeklagt, deren er aber gleichwohl
schuldig seyn könnte, oder auch endlich
wegen einer gewissen metaphysischen
und sehr schwer zu begreifenden Nothwendigkeit ihn von der Unehrlichkeit zu
befreyen. Wir werden gleich einige
allgemeine Ursachen anführen, woraus
die Unbilligkeit und die Barbarey des
Gebrauchs jemand zu foltern, erhellen
wird, man wird auch die Unzulänglich-
keit der Gründe zeigen, durch welche
sich dieser Gebrauch unter den Menschen festzusetzen angefangen hat.

Kein Mensch ist für einen Missethäter zu halten, als der in der Untersuchung als ein solcher befunden, und
auch durch den Urtheilspruch des Richters zum Missethäter erkläret worden
ist. Die bürgerliche Gesellschaft kann
ihn auch nicht des öffentlichen Schutzes
berauben, bevor es nicht ausgemacht
ist, daß er jenen Vertrag verletzet
habe, womit er sich denselben Schutz
erworben hat. Nur ein ungeheurer
Despotismus kann es für rechtmäßig
ansehen, einem Richter die Macht ein-
zu-

uraumen, eine Strafe über einen Bürger zu verhängen, während daß man
noch zweifelt, ob er schuldig oder unschuldig sey? dieses Dilemma ist nicht
neu: entweder ist das Verbrechen gewiß, oder ungewiß! ist es gewiß, so
gehöret keine andere Strafe darauf,
als die, so die Gesetze bestimmet haben, und die Peinigung ist eben so unnutz, als unnutz die Bekenntniß des
Missethäters ist; ist das Verbrechen
aber ungewiß, so darf man keinen Unschuldigen peinigen, denn als ein solcher wird den Gesetzen nach ein Mensch
geachtet, dessen Verbrechen nicht erwiesen sind. Welches ist der politische
Endzweck der Strafen? kein anderer,
als die Abschreckung anderer Menschen.
Was sollen wir aber für ein Urtheil
schöpfen von dergleichen heimlichen und
besondern Schlachtbänken, welchen die
Tirannen einer unmenschlichen Gewohnheit sowohl schuldige als unschuldige Opfer bringet? Es ist eben so
wichtig, ein jedes offenbares Verbrechen nicht ungestraft zu lassen, als es
unnutz ist, das Verbrechen eines Menschen

schen zur offentlichen Gewißheit zu
bringen, welches in den Finsternissen
der Ungewißheit verborgen liegt. Ein
schon geschehenes Uebel, und dem nicht
mehr abzuhelfen ist, kann von der bürgerlichen Gesellschaft nicht gestrafet
werden, als in sofern es durch die Rei-
zung der Unsträflichkeit auf die Gemüther der Bürger einen nachtheiligen
Einfluß haben dürfte. Wenn es wahr
ist, daß die Anzahl jener Menschen
grösser ist, die entweder aus Furcht
oder aus Tugend die Gesetze in Ehren
halten, als die Anzahl derjenigen,
welche die Gesetze übertretten; so muß
die Gefahr, bey welcher man es waget,
vielleicht einen Unschuldigen zu peinigen, um so höher geachtet werden, je
grösser die Wahrscheinlichkeit ist, daß
ein Mensch bey gleich gesetzten Fällen
die Gesätze vielmehr geehret, als verachtet habe.

Man sucht gefliessentlich alle Verhältnisse zu verwirren, wenn man fo-
dert, daß ein Mensch zu gleicher Zeit
der Kläger seiner selbst, und zugleich
der Angeklagte seye. Und dieses suchet
man

nan dennoch durch die Folter zu erzwin-
zen. Das Gesetz welches die Tortur billi-
zet, ist ein Gesetz, welches so viel sagt:
Ihr Menschen widerstehet dem
Schmerzen, und obwohl die Natur
euch eine unauslöschliche Eigenliebe
eingeflößt, obwohl sie euch ein unver-
änderliches Recht zu eurer Beschü-
zung gegeben, so erschaffe ich doch
in euch eine vollkommen widrige Re-
gung, nämlich einen heroischen Haß
eurer selbst, ja ihr müßt sogar die
Wahrheit sagen, auch mitten unter
den Streckungen der Muskeln und
Verrenkungen der Gebeinen.

Man untersuche nun die Beweggründe, die die Menschen die Folter
einzuführen und zu gebrauchen bewogen
haben. Der erste Beweggrund ware:
weil man glaubte, daß die schmerzlichen Empfindungen als ein Werkzeug
zu Hervorbringung der Wahrheit gebraucht werden könnten, gleichsam als
wenn der Prüfstein der Wahrheit die
Nerven und Muskeln eines Elenden
wären.

Diese

Diese abscheuliche Art die Wahr=
heit zu entdecken, ist ein noch bestehen=
des Denkmal jener alten und wilden
Gesetzgebung, da man noch für gött=
liche Urtheilssprüche die Proben des
Feuers, des siedenden Wassers, und
den ungewissen Ausgang der Waffen
hielt; als wenn die göttliche Ordnung,
die gleich einer unzertrennlichen Kette
im Schooße der unumschränkten All=
macht des Schöpfers ruhet, wegen
nichtigen menschlichen Anordnungen
unterbrochen, zergliedert, und in Un=
ordnung gebracht werden sollte. Der
einzige Unterschied, welcher zwischen
der Tortur und den Proben des Feuers
oder des siedenden Wassers obwaltet,
ist dieser: daß der Ausgang der erstern
von der Willkür des Beklagten, und
der Ausgang der zweyten von einem
blos physischen und äusserlichen Zufall
abzuhängen scheinet. Allein dies ist
ein blos scheinbarer und nicht wesent=
licher Unterschied: man kann eben so
wenig frey die Wahrheit sagen mitten
unter den Aengsten und schmerzlichen
Empfindungen der Tortur, so wenig
als

als man damals ohne Betrug die Wirkungen des Feuers und des siedenden
Wassers verhindern könnte. Eine jede
Handlung unsers Willens stehet allezeit
im Verhältniß mit der Kraft unserer
sinnlichen Fühlungen, welche davon die
Urquelle sind, die Empfindlichkeit aber
eines jeden Menschen hat ihre Schranken. Der Eindruck des Schmerzens
kann derohalben so sehr anwachsen,
daß er unsere Empfindlichkeit ganz ein-
nimmt, und dem Gepeinigten keine
andere Freyheit überläßt, als den kürzesten Weg zu wählen, nämlich für
den gegenwärtigen Augenblick sich der
Pein zu entziehen. Die Antwort des
Beklagten ist alsdann eben so wenig
ungezwungen, wie nothwendig das
Feuer und siedende Wasser ihre Wirkungen auf unsere Empfindungen machen muß. Wer unschuldig, aber zugleich empfindlich ist, wird sich alsdenn schuldig geben, wenn er dadurch
das Ende der Peinigung zu erwirken
glaubt. Aller Unterschied zwischen
Schuldigen und Unschuldigen ver-
schwindet durch eben das Mittel, wel-

E   ches

ches man zu dessen Erforschung anzuwenden vorgibt. Die Tortur ist vielmehr ein sicheres Mittel, wodurch die
starken Missethäter losgesprochen, und
die schwachen Unschuldigen verdammet
werden müssen. Dieses sind die schädlichen Folgen dieser so gepriesenen
Richtschnur der Wahrheit, einer Richtschnur, die aber nur der verwüstenden
Grausamkeit eines Menschenfressenden
Cannibals würdig ist, und die die Römer selbst, welche in mehr als einem
Stücke barbarisch genug waren, nur
ihren leibeigenen Knechten vorbehiel-
ten; diesen elenden Schlachtopfern einer grausamen und zu sehr gerühmten
Schandhaftigkeit.

Auf solche Art wird von zweyen
gleich unschuldigen oder gleich schuldigen Menschen der Starke und Herz-
hafte losgesprochen, der Furchtsame
und Schwache hingegen verdammet,
vermöge folgenden richtigen Vernunft-
schlusses: ich, Richter, sollte dich eines solchen Verbrechens schuldig finden: du starker, hast dem Schmerzen zu widerstehen gewust, und deswegen

wegen spreche ich dich loß: du schwa-
her bist ihm untergelegen, und deswegen verdamme ich dich. Ich fühle
zwar, daß das, euch unter der Peinigung abgenöthigte Bekanntniß, keine
Kraft haben sollte, allein ich werde
euch von neuem peinigen, wenn ihr
das nicht bestättiget, was ihr bekannt
habet.

Der Ausschlag von der Tortur beruhet dahero auf der Leibsbeschaffenheit
und jener Ausrechnungskunst, wodurch
eder Mensch von dem andern nach dem
Verhältnisse seiner Stärke und der Empfindlichkeit sich unterscheidet. Auf
solche Art könnte sogar der Mathema-
tiker weit besser als ein Richter diesen
Fragsatz erörtern: wie nämlich nach
Maaße der angegebenen Kraft der
Muskeln und der Empfindlichkeit der
Nerven eines Unschuldigen der Grad
des Schmerzens zu finden sey, wodurch er dahin gebracht würde, ein
angegebenes Verbrechen zu bekennen.

Die Ausforschung eines Beklagten
geschieht in der Absicht die Wahrheit
zu entdecken. Gleichwie aber diese

E 2 Wahr-

Wahrheit sehr schwer aus der Gesichtsbildung, den Geberden, und dem Betragen eines gelassenen Menschen zu entdecken ist, so wird man sie noch weniger bey einem solchen ausfindig machen können, bey welchem die Verzuckungen des Schmerzens alle Kennzeichen verändern, welche aus dem Angesicht vieler Menschen, manchmal auch wider ihren Willen, die Wahrheit zu erkennen geben. Eine jede gewaltthätige Handlung verwirret, und macht sogar die geringsten Unterscheidungszeichen der Gegenstände verschwinden, wodurch man sonst das Wahre vom Falschen zu unterscheiden pflegt.

Man hat die nothwendige Folge der Folterung noch nicht genugsam überdacht, daß nämlich der Unschuldige dadurch in einen schlimmern Zustand verfällt, als der Schuldige; denn, wenn man beyde auf die Tortur setzet, so findet der erstere lauter Umstände vor sich, die ihm entgegen sind; bekennet er das Verbrechen, so wird er verdammet, laugnet er das Verbrechen, so wird er zwar für unschuldig erkannt;

er

r hat aber doch eine unverdiente Strafe ausgeſtanden: der Schuldige hingegen hat einen günſtigern Umſtand für ſich; widerſtehet er ſtandhaft der Peinigung, ſo muß er als unſchuldig losgeſprochen werden, ja er hat dadurch die gröſſere Strafe in eine geringere verwandelt; dahero kann der Unſchuldige nur verlieren und der Schuldige gewinnen.

Dieſe Wahrheit haben auch endlich ſelbſt diejenige Geſetzgeber gefühlet, die in der Ausübung davon abgewichen ſind. Man läßt das während der Peinigung gethane Bekänntniß nicht gelten, wenn es nicht nach derſelben Endigung mit einem Eide beſtättiget wird! bekräftiget aber der Beklagte ſein Verbrechen nicht, ſo wird er von neuem gepeiniget. Einige Lehrer und Völkerſchaften laſſen dieſe ſchändliche und verkehrte Wahrheits Erforſchung nur dreymal zu: einige Völker und andere Lehrer überlaſſen es der Willkur des Richters.

Es würde überflüßig ſeyn die Gedanken durch Beyſpiele einer unendlichen

E 3

lichen Menge Unschuldiger, die sich in
der Marter für schuldig erkläret haben,
zu bestättigen. Kein Volk kein Jahrhundert gibt es, welches nicht einige
dergleichen Beyspiele aufweisen könnte.
Und die Menschen ändern sich dennoch
nicht, sie machen keine Anwendung auf
ihre Handlungen, weder von den Thaten, die sie erkennet, weder von den
Grundsätzen, die sie aus Ueberzeugung
angenommen haben. Unter denjenigen
Menschen, deren Begriffe sich nur etwas weiter als die ersten Bedürfnisse
des Lebens erstrecken, findet sich keiner,
welcher durch die leise und geheime
Stimme der Natur zuruck geruffen,
nicht versuchet werden sollte, wieder zu
ihr zu kehren, und sich in ihre Arme zu
werfen. Allein die eingeälterte Gewohnheit diese tirannische Beherrscherin
der Seele erschrecket ihn, und halt ihn
zuruck.

Der zweyte Bewegungsgrund die
Tortur denen anzuthun, die man als
Schuldige voraussetzt, wirket in jenem
Falle, wenn sie bey der Aussage sich selbst
wi-

widersprochen; als wenn die Furcht der
Strafe, die Ungewißheit des richterli=
chen Ausspruches, die Feyerlichkeit und
das Ansehen des peinlichen Gerichtes,
die eben sowohl bey den lasterhaften, als
unschuldigen Menschen mögliche Un=
wissenheit nicht wahrscheinlicher Weise
schon an sich selbst genug erschrecklich
wären, um sowohl den Unschuldigen,
der in Furcht gesetzt ist, als den Schul=
digen, der sich zu verdecken sucht, in
manche Widersprüche zu verwickeln;
gleichsam als wenn dergleichen Wider=
prüche, die dem Menschen auch im
Stande der Ruhe gemein sind, sich
nicht vervielfältigen müßten, bey ei=
nem verwirrten Gemüthe, welches
ganz in die Gedanken versenket, und
damit einzig beschäftiget ist, wie es
sich von der angedroheten Gefahr erret=
en möge.

3tio. Will man die Tortur anwen=
den, um zu entdecken, ob der Ange=
klagte auch anderer Verbrechen außer
derjenigen, deren er ist beschuldiget
worden, sich schuldig befinde? Dies ist

E 4   eben

eben so viel, als wenn man folgenden
Vernunftschluß fassete: Du bist eines
gewissen Verbrechens schuldig befun=
den worden, deswegen ist es mög=
lich, daß du noch vieler anderer schul=
dig seyest; dieser Zweifel liegt mir
am Herzen, darum will ich mich des=
sen zu vergewissern suchen, mittelst
meiner Art, die Wahrheit zu entde=
cken: die Gesetze sollen dich also peini=
gen, weil du schuldig bist, weil du
schuldig seyn kannst, weil ich will,
daß du schuldig seyst.

4to. Man bringt auch weiters ei=
nen Beklagten auf die Tortur, um die
Mitschuldigen seines Verbrechens zu
entdecken, allein wir haben erwiesen,
daß sie kein taugliches Mittel sey, die
Wahrheit an Tag zu bringen. Wie
wird sie also zur Entdeckung der Mit=
schuldigen dienen können? welches ist
dann jene Wahrheit, die man an Tag
zu bringen sucht? sollte denn der
Mensch, der sich selbst anklagt andere
nicht weit leichter anklagen? Ist es
recht die Menschen um anderer Ver=

brechen

rechen willen zu peinigen? wird man
die Mitschuldigen nicht aus der Erforschung der Zeit, aus der Erforschung
des Beklagten, und aus dem corpore
delicti, und überhaupt aus allen den
nämlichen Mitteln entdecken können,
welche zur Vergewisserung des Verbrechens bey den Beklagten dienen müssen?
Die Missethäter fliehen meistentheils
gleich nach der Verhaftung ihres Mitschuldigen; die Ungewißheit ihres
Schicksals verdammet sie allein von sich
selbsten zur Verbannung, und befreyet
ein Volk von der Gefahr neuer Beleidigungen. Die Bestrafung des unter
die Hände des Gerichts verfallenen
Missethäter erreicht unterdessen ihren
Endzwek: nämlich sie entfernet noch
mehr die abwesende Mitschuldige, und
schrecket die gegenwärtige durch das
Beyspiel von gleichen Lastern ab.

5to. Es bleibt endlich ein anderer
lächerlicher Bewegungsgrund zur Folter zu untersuchen übrig, welches die
Ablehnung der Ehrlosigkeit ist. Ein
Mensch, den die Gesetze für ehrlos er-
ken-

kennen, soll seine Bekentniſſe durch Zer-
quetſchung ſeiner Glieder bekräftigen.
Wahrhaftig dieſer Mißbrauch ſollte im
achtzehenden Jahrhundert nicht geduldet werden. Man hält darfür, der
Schmerz, der eine Empfindung iſt,
löſche die Schande aus, die ein blos ſitt-
liches Verhalten iſt. Oder iſt vielleicht,
dieſer Schmerz, etwann ein nach Art
der Chymiker auflöſendes Reingungs-
feuer? Und die Schande iſt ſie vielleicht
ein vermiſchter unreiner Körper? Die
Ehrloſigkeit iſt eine Empfindung, ſo weder Geſetzen, noch der Vernunft, ſondern der gemeinen Meynung unterworfen iſt. Die Tortur ſelbſt bringet demjenigen, der ihr geopfert wird, eine wirkliche Schande. Auf ſolche Art nun
will man die Schande von jemand ablehn-
nen, dadurch, da man ſie ihm zur nämlichen Zeit wiederum beybringt.

Es iſt leicht der Urſprung dieſes
lächerlichen Geſetzes zu erheben, dann
die abgeſchmackten Vorurtheile, welche
ein ganzes Volk angenommen, haben
iederzeit einige Verbindung mit andern
all-

llgemeinen und vom nämlichen Volke
verehrten Begriffen. Es scheinet, die-
er Gebrauch von jenen Religions= und
zeistlichen Begriffen genommen zu seyn,
die einen so grossen Einfluß auf die Den=
ungsart der Menschen, auf ganze Völ=
erschaften, und jedes Zeitalter haben.
Ein unfehlbarer Lehrsatz versichert uns,
daß jene Mackeln, so die menschliche
Schwachheit angezogen, und den Zorn
des grossen Schöpfers nicht in unum=
schränkter Maaße verdienen, durch ein
unbegreifliches Feuer gereiniget werden
müßten : Weil nun die Ehrlosigkeit eine
bürgerliche Mackel ist, und weil durch
den Schmerzen und das Feuer die sitt=
lichen Mackeln ausgelöscht werden; wa=
rum sollten nicht eben also die Aengsti=
gungen der Tortur die bürgerliche Ma=
ckel, dergleichen die Ehrlosigkeit ist, hin=
weg nehmen können? Ich halte darfür,
daß die Bekanntniß des Missethäteres,
welche bey einigen Gerichtsstellen als
ein wesentliches Stuck zur Verdamung
erfordert wird, einen gleichmäßigen Ur=
sprung habe, weil nämlich in dem ge=
heimmißvollen Gerichtsstul der Ohren=
beicht,

beicht, die Bekanntniß der Sünden ein
wesentlicher Theil des Sacraments ist.
Auf solche Art mißbrauchen die Menschen das sichere Licht der Offenbarung.
Gleich wie nun sich dieses Licht auch in
den dunkelsten Zeiten ohnveränderlich erhalten hat, so haben lehrbegierige Menschen dazu ihre Zuflucht genommen, und
davon den abgeschmacktesten Gebrauch
und ungeschickteste Anwendung gemacht.

Ich schlüsse mit einer Beobachtung,
die uns belehret, daß diese Wahrheiten,
sogar die Römische Gesetzgeber gekannt
haben; man findet bey ihnen keinen Gebrauch einer Tortur, als nur wider
Knechte, welche in Absicht auf das bürgerliche und politische Daseyn für nichts
gehalten wurden. Die Engländer erkannten diese Wahrheiten, ein Volk,
dessen Ruhm an Wissenschaften, dessen
Oberhand sowohl in Handel als Reich-
thümern, und deswegen auch an Macht,
und endlich dessen erhabene Beyspiele
von Tugend und Herzhaftigkeit uns an
der Güte ihrer Gesetze nicht zweifeln
lassen. Auch in Schweden ist die Tortur

ur abgeſtellet worden ; ſie wurde abge-
ſchaft von einem der weiſeſten Monar-
ḥen Europens, welcher, da er die Phi-
oſophie auf den Thron erhoben, als ein
Menſchen freundlicher Geſetzgeber ſeine
Interthanen in die Gleichheit und Freyheit verſetzen , ſie bloß von den Geſe-
zen, denn dieſes iſt die Freyheit auf
die, vernünftige Menſchen bey dermah-
igen Umſtänden der Welt Anſpruch ma-
ḥen können, hat abhängig haben wollen.
Auch ſogar das Kriegsrecht verab-
ſcheuet die Folter.   Dieſes Recht, wel-
ḥes einen aus den verwegeneſten Menſchen zuſammengeſetzten Haufen in Zaum
zu halten hat, und welches dem Vermuthen nach der Folter am meiſten brau-
ḥen ſollte.   Dieſe Beobachtung, wel-
ḥe Menſchlichkeit und Milde die Geſetzgeber eines friedlichen Volks gelehr-
ret hat, muß jenem Menſchen wunder-
bar vorkommen, der bishero nicht ge-
nügſam bedacht hat, wie groß die Gewaltthätigkeit der Gewohnheit und des
Vorurtheiles bey jenem Volke ſeye,
welches ſich an das Niedermetzeln gewöhnet hat, und welches im Blutver-
gieſſen

gießen verhärtet und darmit verträu=
lich geworden ist.

§. XIII.

Von der Daure des peinlichen
Proceſſes und von der Ver=
jährung.

Nach erkannten Proben und beſtimmten
     Gewißheit des Verbrechens muß
man dem Angeklagten Zeit und dienſa=
me Mittel, ſich zu rechtfertigen, zulaſ=
ſen; aber die Zeit muß ſo kurz ſeyn, daß
ſie der ſchnellen Vollſtreckung der Stra=
fe nichts benimmt, welche wir als einen
vorzüglichen Zaum wider die Verbre=
chen beſtimmet haben.   Eine übel ver=
ſtandene Menſchenliebe ſcheinet dieſer
Kürze der Zeit entgegen zu ſeyn : allein
dieſe Schwierigkeit und Zweifel wird
gar bald verſchwinden, wenn man be=
denkt, daß, wenn die Unſchuld durch
Beobachtung der hier von uns vorge=
ſchriebenen Regel einige Gefahr lauft,
dieſes nur als eine Folge der übrigen
                         Fehler

Fehler der Gesetze anzusehen seye. Nur
den Gesetzen stehet es zu, die sowohl zu
Untersuchung der Beweise eines Verbrechens, als auch zur Rechtfertigung
des Beklagten nöthige Zeitfrist zu bestimmen. Wenn der Richter diese Zeit
bestimmen wollte, so würde er sich zum
Gesetzgeber aufwerfen. Die grausamen
Verbrechen also, wovon das Andenken
bey den Menschen lang verbleibet, sollen
keiner Verjährung, zum Gunst des angeklagten, überwiesenen, aber flüchtig
geworden Missethäter, fähig seyn. Dahingegen bey geringen und wenig Eindruck machenden Verbrechen sollte die
Verjährung allenfalls statt finden, denn
das Beyspiel eines ungestraft gebliebe-
nen Verbrechens wirket nicht auf übrige Mitbürger, weil das Laster nicht genugsam erwiesen ist, und auf die Gemüther keinen so grossen Eindruck macht;
zudeme entreißt eine solche Verjährung
den Beschuldigten der Ungewißheit seines Schicksals, und überlaßt ihm das
Vermögen und Gelegenheit sich zu bessern.

Ich

Ich begnüge mich daran, allgemeine Grundsetze anzugeben. Denn wenn man ganz bestimmte Gränzen setzen wollte, so müßte man auf diese oder jene Gesetzverfassung und auf jene Gesellschaft unter gewissen bestimmten Umständen sein Augenmerk richten. Ich will nur noch hinzu setzen, daß bey einer Nation, welche die Vortheile gemäßigter Strafen zu erfahren wünscht, solche Gesetze, die nach der Größe des Verbrechens, die Zeit der Verjährung und der Beweise verlängern, oder verringern, und also eine freywillige Verbannung oder das Gefängniß selbst, zu einem Theil der Strafe machen, eben dadurch eine leicht zu befolgende Progreßion einer kleinen Anzahl von gelinden Strafen, für eine große Anzahl von Verbrechen an die Hand geben würden.

Man muß indessen bemerken, daß weder die Zeit zur Verjährung, noch auch diejenige, die man zur Untersuchung der Beweise anwendet, nach Maaßgabe der Größe des Verbrechens zunehmen müsse, weil die Wahrschein-lich=

lichkeit, daß das Verbrechen wirklich
begangen worden, mit der Abscheulichkeit
deſſelben im umgekehrten Verhältniſſe
ſteht.   Mann muß demnach die zur Unterſuchung der Beweiſe beſtimmte Zeit
bisweilen verkürzen, die aber, welche
man zur Verjährung fordert, verlängern, und bisweilen auch umgekehrt.
Dies ſcheint anfänglich demjenigen, was
ich oben geſagt habe, zu widerſprechen,
daß man ungleiche Verbrechen mit gleichen Strafen belegen könne, wenn man
die Zeit der Verjährung und der Ge-
fangenſchaft, als eine Strafe anſieht.

Ich theile, um meine Begriffe deſto beſſer zu entwickeln, die Verbrechen in zwo Klaſſen ein.   Die erſtere
enthält alle ſchwere Verbrechen; ſie
fanget mit dem Todtſchlag an, und be-
greift alle Verbrechen, die dieſen an Ab-
ſcheulichkeit übertreffen.   In der zwo-
ten Klaſſe ſtehen alle geringere Verbrechen.   Dieſer Unterſchied iſt in der Natur gegründet.   Das einem jeden zu-
kommende Recht, ſein Leben zu erhalten, iſt ein Recht der Natur.   Das

F   Recht,

Recht, seine Güter zu erhalten, ist ein
Recht der Gesellschaft. Der Mensch
muß sich mehr Gewalt anthun um die
Pflichten der Menschlichkeit und der Natur zu übertretten, als bey Verletzung
übriger Pflichten, die nicht ins menschliche Herz geschrieben sind, sondern blos
von dem Vertrage der bürgerlichen Gesellschaft herkommen. Weil nun die
Wahrscheinlichkeit und Muthmassungen
dieser in zweyerley Klassen abgetheilten
Verbrechen verschieden ist, so muß man
sie auch nach verschiedenen Grundsetzen
beurtheilen. Bey grossen und gräuli-
chen Verbrechen, die nicht leicht zu vermuthen sind, muß die Zeit der Untersuchung abgekürzet, und die Zeit der Verjährung verlängert werden, aus Ursach,
weil einer Seits die Muthmassungen für
die Unschuld des angeklagten streiten,
anderer Seits, weil durch die beschleu-
nigte Untersuchung die Hofnung der
Straflosigkeit dem Ruchlosen benommen
wird; die Folgen einer solcher Hofnung
unbestraft zu bleiben, sind desto schädlicher, je entsetzlicher das Laster ist.

Ganz

Ganz anderſt verhält ſich die Sache bey geringen Verbrechen: je wahr-
ſcheinlichere Urſach man hat, das Laſter
dem Angeklagten zu zumuthen, deſto
länger kann die Zeit der Unterſuchung,
und deſto kürzer die Zeit der Verjährung
ſeyn: aus der längeren Zeit der Unterſuchung iſt kein ſo groſſer Nachtheil zu
beſorgen, weil die, durch die neu ent-
deckte Rechtfertigung des Beklagten er-
folgende Strafloſigkeit, dem Staate
ein groſſes Ubel bedrohet. Dieſe Ab-
theilung der Verbrechen in vorbeſagte
zwo Klaſſen würde mithin nicht ſtatt haben; woferne die Gefahr, ſo man von
der Nichtbeſtrafung zu befürchten hat, in
eben jener Maaße ſich verminderte, als
ſich die Wahrſcheinlichkeit eines Verbrechens vermehrt. Man muß hierbey auch
betrachten, daß ein Beklagter, deſſen
Unſchuld, oder Verbrechen nicht klar
am Tage lieget, und der wegen Abgang
hinlänglicher Proben freygelaſſen worden, um des nämlichen Verbrechens
willen auf ein neues eingezogen, und
der gerichtlichen Unterſuchung unterworfen werden könne, wenn neue von

den

den Geſetzen beſtimmte Anzeigen wider
ihn zum Vorſchein kommen, und zwar
ſo lange, bis nicht die zur Verjährung
ſeines Verbrechens ausgeſteckte Zeit ver-
floſſen iſt. Dieſes wenigſtens ſcheinet
mir das einzige ſchickliche Mittel zu ſeyn,
ſowohl die Sicherheit als die Freyheit
den Unterthanen zu beſchützen (denn es
geſchieht nur gar zu leicht, daß eine aus
beyden auf Unkoſten der andern begün-
ſtiget wird) damit auf ſolche Art dieſe
zwey allen Bürgern, als ein unverletzli-
ches Erbtheil zugehörende Güter, auf
keiner Seiten, nachdeme ihnen einerſeits
ein vermuhmter Deſpotiſmus, anderer
Seits eine unruhvolle und pöbelhafte
Zügelloſigkeit einen Angriff drohet, einen Anſtoß leiden. Es giebt Verbrechen, welche eben ſo ſehr bey einem Volke im Schwange gehen, als ſchwerer ſie
zu erweiſe ſind, und dieſe Schwierigkeit Beweiſe zu finden, erſetzet in Ange-
ſicht der Geſetze die Wahrſcheinligkeit
der Unſchuld; da über dies jener Nachtheil, den ſonſt der Staat aus der Nichtbeſtrafung dieſer Verbrechen zugewar-
ten hat, um ſo unbeträchtlicher iſt, als

Zu

Zuwiederholung solcher Laster nicht die
Straflosigkeit, sondern andere verschie=
dene Ursachen Anlaß geben, so ergibt
sich aus allem diesem die Folge, daß die
Zeit der Untersuchung und der Verjäh=
ung dabey abgekürzet werden könne.
Die insgemein angenommene Grundsä=
ze sind diesen sehr zuwider. Man läßt
vorzüglich bey solchen Verbrechen, die
sehr schwer zu beweisen sind, z. B. bey
dem Ehebruch, bey der Knabenschän=
derey, Muthmassungen und Halbbe=
weise zu, als wenn jemand halb unschul=
dig und halb schuldig; das ist, halb
loszusprechen, und halb strafbar seyn
könnte. Bey dergleichen Verbrechen
muß nach dem Unterrichte gewisser
Rechtslehrer, die mit einer kaltsinnigen
Ungerechtigkeit den Völkern Gesetze vor=
schreiben, die grausame Gewalt der Fol=
ter an der Person des Beklagten, den
Zeugen und der ganzen Familie eines
Unglücklichen ausgeübet werden. Aus
dem deutlichen Begriff dieser vorange=
schickten Grundsätzen wird man mit Er=
staunen gewahr werden, daß die Ver=
nunft bey Errichtung der peinlichen

Rechts=

Rechtsgelehrſamkeit faſt niemals ſeye zu
Rathe gezogen worden. Bey den ab,
ſcheulichſten, bey den grauſamſten, den
verborgeneſten, ja oft ſo chymeriſchen
und unwahrſcheinlichen Laſtern, daß
man billig zweifeln ſollte, ob ſie begangen worden, begnüget man ſich mit den
geringſten Muthmaſſungen und zwey-
deutigſten Proben; als wenn den Geſetzen und den Gerichtsperſonen nur daran gelegen wäre zu erweiſen, daß ein
Laſter wirklich begangen worden ſeye,
ohne ſich viellmehr um die Wahrheit zu
bekümmern, ob der Angeklagte ſchuldig
ſeye, oder nicht? als wenn die Verdammung eines Elenden nicht um ſo gefährlicher wäre, je wahrſcheinlicher insgemein iſt, daß das muthgemaſte Verbrechen nicht begangen worden. Den meiſten Menſchen fehlet es an der Fertigkeit
und genugſamen Muth, welche beyde
ſowohl zu Ausübung groſſer Tugenden
als auch zu groſſen Laſtern nöthig ſind.
Daher halte ich darfür, daß groſſe Laſter niemals ohne groſſen Tugenden an-
getroffen werden, ſondern jenen Nationen in gleichem Grade eigen ſind, welche

che ihre Erhaltung der Lebhaftigkeit ih=
rer Verfassung und den heftigen Leiden=
schaften jenen glücklichen Triebfedern
bürgerlicher Tugenden mehr als ihrer
eigenen Stärke, oder der beständigen
Güte ihrer Gesetze zuzuschreiben haben.
Matte Leidenschaften mögen wohl ge=
schickt seyn, einen Staat zu erhalten,
nicht aber denselben in eine blühende
Aufnahme zu bringen. Ich ziehe da=
raus eine sehr wichtige Folgerung, daß
man nämlich von den grossen Lastern ei=
nes Volks nicht allezeit auf den wahren
Verfall desselben schliessen könne.

§. XIV.

Von unvollzohenen Verbrechen
und von Mitschuldigen.

Die Gesetze lassen zwar den Vorsatz un=
beftraft, aber nicht deswegen, als
ob ein Verbrechen, welches mit einer
Handlung anfängt, so den Vorsatz es
auszuführen verräth, nicht eine gewisse
obschon geringere Beftraffung verdiente,
als womit sonst ein wirklich vollbrachtes

F 4   La=

Laster wäre beleget worden. Die Wich=
tigkeit, jedem Angriffe zuvorzukommen,
rechtfertiget eine gewiffe Beftraffung:
allein gleichwie zwifchen dem Angriffe
und der Vollendung eine Zwifchenzeit
verlaufen kan, fo wird die gröffere Stra=
fe eben deswegen dem vollbrachten Ver=
brechen vorbehalten, damit der Miffe=
thäter diefe Zwifchenzeit gewinne, den
gemachten Angriff zu bereuen, und von
der Vollendung noch abzuftehen. Eben
diefes, wie wohl aus einer verfchiedenen
Urfache, wird beobachtet, wenn es
mehrere Mitfchuldige bey einem Ver=
brechen giebt, wovon aber nicht alle un=
mittelbar bey der Ausführung deffelben
mitgewirkt. Wenn fich mehrere Men=
fchen zu einem gefährlichen Unterneh=
men vereinigen, fo fuchen fie die Gefahr
unter fich um fo mehr gleich zu machen,
je gröffer fie ift: dahero ift es auch weit
fchwerer, jemand ausfindig zu machen,
der eine folche Handlung auszuführen
waget, weil er dabey gröffere Gefahr
lauft, härter als feine übrige Mitfchul=
dige beftrafet zu werden. Eine Aus=
nahme würde hierbey nur in jenem Falle
Platz

latz finden, wenn man dem Ausfüh=
er des Verbrechens eine Belohnung
uvor ausgemacht hätte; denn da die
rössere Gefahr dadurch ersetzet würde,
o müßte auch die Bestrafung gleich
eyn. Diese Beobachtungen scheinen
war gar zu metaphysisch zu seyn, al=
ein man muß den Nutzen bedenken,
en die Gesetze dem Staate verschaffen,
wenn sie Bösewichtern die Vereinigung
ur Begehung einer Missethat so viel
ls möglich erschweren.

Einige Gerichtshöfe bieten die
Befreyung von der Strafe jenem Mit=
chuldigen eines grossen Verbrechens
n, der seine Gesellen entdecket. Ein
olcher Ausweg hat seine Vortheile und
eine Unbequemlichkeiten. Unbequem=
chkeiten sind es, weil ein Volk die
Verrätherey rechtfertiget, welche sogar
on Bösewichtern verabscheuet wird,
eil sie jene niederträchtige Verbrechen
nführet, die einem Volke weit schäd=
cher sind, als solche, welche die Herz=
aftigkeit hervorbringt; nur selten übet
ie Herzhaftigkeit Verbrechen aus,
nd sie erwartet nur eine gutthätige

F 5   Kraft,

Kraft, um zur Mitwirkung für das
allgemeine Beste gelenket zu werden.
Die Niederträchtigkeit hingegen ist
weit gemeiner, sie ist ansteckend, und
sucht nur immer sich in sich selbst zu
verstärken. Ja was noch mehr ist,
eine solche Gerichtsstelle verräth dadurch ihre eigene Ungewißheit sowohl,
als die Schwachheit solcher Gesetze,
welche die Hülfe dessen anruffen, der sie
übertritt. Vortheile sind es aber,
daß man dadurch den wichtigsten Verbrechen zuvor kömmt, und daß man
ein Volk beruhiget, welches in Schrecken geräth, wenn es Verbrechen sieht,
ohne die Urheber davon zu wissen.

Ein weiterer Vortheil enstehet daraus, daß man überdies dem Volke be-
greiflich macht, wie leicht es geschehen
könne, daß derjenige, so den Gesetzen,
das ist, dem gemeinen Wesen untreu
wird, auch gegen seinen Nebenmenschen
treulos handle. Oder sollte man nicht
vielmehr ein allgemeines Gesetz errich-
ten, wodurch der Mitschuldige, so ein
Verbrechen entdecket, von der Strafe
freygesprochen wird? Mir wenigstens
scheint

heint es vorträglicher zu seyn, als
enn man nur über einen besondern
sall auch eine besondere Erklärung ab-
eben wollte: man würde dadurch
hädlichen Verschwörungen zuvor kom-
ien, weil jeder Mitschuldige durch die
surcht einer gegenseitigen Verrätherey
ebunden, sich allein der Gefahr aus-
asetzen scheuen würde, und die Ge-
ichtsstelle dürfte nicht befürchten, die
Kühnheit der Bösewichter zu vergrös-
rn, die sich aufgefordert sehen, ihrem
Richter in diesem besondern Falle Bey-
tand zu leisten. Uebrigens müßte ein
olches Gesetz die Befreyung von der
Strafe zugleich mit der Verbannung
es Angebers verbinden. Allein es ist
umsonst! ich fühle zu sehr den Stachel
es Gewissens, da ich durch das An-
ehen der geheiligten Gesetze, dieses
Denkmals der öffentlichen Treue und
Blaubens, dieser Grundfeste der
menschlichen Sittsamkeit die Verräthe-
ey und Verstellung rechtfertigen will.
Welch ein abscheuliches Beyspiel würde
icht dem Volke hiedurch gegeben wer-
en, wenn man mittelst ausgeklügelter

Aus-

Ausflüchte die versprochene Straflosig=
keit aufheben, und unerachtet des öf=
fentlich gegebenen Worts, ein betroge=
nes Schlachtopfer, welches die Einla=
dung der Gesetze angenommen, zur
Strafe ziehen wollte? dergleichen Bey=
spiele sind unter den Völkern nicht sel=
ten, und deswegen giebt es auch Men=
schen genug, die sich eine Völkerschaft
nur als eine zusammengesetzte Maschine
vorstellen, deren Triebfedern der Ge=
schickteste und der Stärkste nach Will=
kur spannet; kaltsinnig und unfühlbar
für alles dasjenige, was bey zärtlichen
und erhabenen Seelen eine Quelle der
Lust wird, erwecken dergleichen Men=
schen mit einer Scharfsinnigkeit, die
sich durch nichts irren läßt, die ange=
nehmsten Empfindungen, die heftigsten
Leidenschaften, aber nur in soweit sie
zu ihrem Endzwecke dienlich sind, weil
sie die Gemüther ihrer Mitbürger, wie
der Tonkünstler sein Instrument zu be=
handlen wissen.

§. XV.

Von Gelindigkeit der Strafen.

Auch nur die bloſſe Betrachtung der bis hieher vorgetragenen Wahrheiten erweiſet uns klar, daß der Endzweck der Strafen nicht darinn beſtehe, in empfindliches Weſen zu betrüben und zu peinigen, oder ein ſchon begangenes Verbrechen ungeſchehen zu machen. Kann wohl in einem politiſchen Körper, der weit entfernet aus Leidenſchaft zu handeln, vielmehr die beſondere Leidenſchaften eines jeden in ſtiller Ruhe leiten und beherrſchen ſoll, kann wohl ſage ich, in einem ſolchen Körper eine dergleichen unnütze Grauſamkeit, jenes eitle Werkzeug der Wuth, und der Schwärmerey oder machtloſer Tyrannen Platz finden. Ja kann das Winſeln eines Unglücklichen auf der Folter das vergangene, das nicht zurück kommt widerruffen und das begangene Verbrechen ungeſchehen machen? der Endzweck der Strafen iſt demnach nur dieſer:

ſer.: den Miſſethäter zu verhindern,
damit er nicht ſeinen Mitbürgern neüe
Schäden zufüge, und die andern abzuhalten, damit ſie nicht dergleichen
Verbrechen begehen. Man muß derohalben nur ſolche Strafen und nur eine
ſolche Art in Auferlegung der Strafen
auswählen, wodurch nebſt Beybehal-
tung des Verhältniſſes ein ſchreckbarer
und dauerhafterer Eindruck auf die Gemüther der Menſchen, ohne den Körper
des Miſſethäters auf immer zu verſtüm-
meln gemacht werde.

Wer ſollte nicht bey Durchleſung
der Geſchichten vor Schrecken erſtarren
über jene barbariſche und unnützliche
Peinigungen, welche von Menſchen,
die ſich Weiſe nannten, mit kaltem
Blute erfunden und vollſtrecket wurden? wer ſoll nicht aufs empfindlichſte
gerühret werden, wenn man Millionen
Unglückliche ſieht, die eine von den Geſetzen, welche immerzu den kleinen
Haufen begünſtigen, und den groſſen
beleidigen, aufgedrungene oder doch
veranlaßte Armſeligkeit zu einer verzweifelten Rückkehr in den erſten Stand
der

er Natur gezogen hat? die man ent=
weder solcher Verbrechen angeklaget
hatte, welche unmöglich, oder nur von
einer furchsammen Unwissenheit ausge=
decket worden sind, oder keiner andern
Vergehung schuldig erachtete, als daß
sie ihren eignen Grundsätzen treu ver=
lieben, und daher von Menschen, so
die nämliche Empfindungen und folg=
lich auch die nämlichen Leidenschaften
hatten, mit ausgesonnener Vorberei=
tung und langsamen Martern zerflei=
schet wurden? wahrhaftig ein ergötz=
liches Schauspiel für einen schwärmeri=
schen Pöbel.

Die Grausamkeit der Strafe giebt
gar selbst Anlaß, daß man viel meh=
rers unternimmt * und mehrere Lastern
begehet um die Bestrafung eines einzi=
gen zu vermeiden. Jene Landschaften
und

***

* In Moskau, wo die Strafen der Rauber und
Mörder, einerley sind, werden immer Leute um=
gebracht. Die Todten, sagt man daselbst, er=
zehlen nichts In England begehet man keine
Mordthaten: weil die Rauber Hofnung haben in
die Colonien übersühret zu werden, nicht aber die
Mörder. Montesquiou 1. T. 16. B. 17. C.

und Zeiten, wo man am härteſten
ſtrafte, waren allezeit die Schauplätze
der unmenſchlichſten und blutdürſtigſten
Handlungen, weil der nämliche Geiſt
der Grauſamkeit, der die Hand des
Geſetzgebers leitete, auch diejenige des
Vater = und Meuchelmörders ange=
ſtrecket hat; dieſer nämliche unſelige
Geiſt iſt es, welcher vom Throne herab
das Joch eiſener Geſetze jenen verhärte=
ten und unglücklichen Sklaven aufer=
legt; und dieſe gehorchen zu einer Zeit,
da mitlerweile eben derſelbe Geiſt die
finſtern und unbekannten Hütten jener
Elenden durchwandert, und ſie ermun=
tert, Tyrannen blos darum zu ſtürzen,
um gleich darauf neuen Peinigern in
die Hände zu fallen.

In eben der Maaß, als die Be=
ſtrafungen ſchwerer werden, verhärten
ſich auch die menſchliche Gemüther,
welche wir die flüßigen Dinge, mit
den Gegenſtänden, wovon ſie umgeben
ſind, ſich allezeit in das Gleichgewicht
ſetzen, und die ſtetts lebhafte Kraft der
Leidenſchaften verurſachet, daß nach
einer hundertjährigen Anwendung der
grau=

rauſamſten Strafen, das Rad keinen
größern Schrecken erreget, als ehevor
er Kerker that. Damit eine Strafe
ihre Wirkung erreiche, iſt es genug,
daß das Uebel der Strafe den vorge-
bildeten Vortheil, der aus dem Verbrechen entſtehet, überwäge, und zu
dieſem Uebergewicht muß die Unfehlbar-
keit der Strafe, und der Verluſt des
mit dem Verbrechen verknüpften Vor-
theiles gerechnet werden: alles was
darüber geht, iſt alsdann überflüßig
und deswegen ungerecht; die Menſchen,
richten ſich nach dem oft wiederholten
Begrif des Uebels, welches ſie erkennen, nicht nach dem das ihnen unbekannt iſt. Setze man zum Beyſpiele
zwey Völker, ſo, daß bey dem erſteren
in der Reihe der Strafen, die mit der
Reihe der Verbrechen im Verhältniſſe
ſtehen, eine ewige Knechtſchaft zur
härteſten Strafe beſtimmet ſey, und
bey dem andern das Rad; ſo behaupte
ich, daß dem erſteren die bey demſelben
ausgeſetzte größte Strafe eben ſo er-
ſchrecklich ſeyn wird, als dem zweyten
die ſeinige: gäbe es nun eine gegründete

G   Ur-

nach dem verſchiedenen Zuſtande der
Staaten richten müſſe. Weit ſtärkere
und empfindlichere Eindrücke werden
bey den verhärteten Gemüthern eines Volks erfordert, das kaum aus
dem Stande ſeiner natürlichen Wild-
heit getretten iſt. Nur ein Donnerkeil
kann einen grimmigen Löwen zu Boden
ſchlagen, den eine geringere Flamme
nur wütender machen würde. Allein
gleichwie durch das geſellige Leben das
menſchliche Herz immer weichlicher und
ſofort immer fühlbarer wird; ſo muß
auch, nachdem dergleichen Veränderung vorher gegangen ſind, die Härte
der ehemaligen Strafen gelindert werden; woferne man anders ein beſtändi-
ges Verhältniß zwiſchen der menſchlichen Fühlung und den Gegenſtänden
derſelben erhalten will.

§. XVI.
Von der Todes Strafe.

Jene unnütze Verſchwendung der Peinen, wodurch die Menſchen nie beſſer

r geworden , hat mich zur Unter=
chung gebracht , ob die Todesstrafe
n einer wohlbestellten Regierungsver=
assung wahrhaftig nützlich und gerecht
ey. Woher kann doch jenes Recht
ntstehen , welches sich die Menschen
ueignen , ihres gleichen zu tödten?
ewiß nicht daher , wovon die oberste
Gewalt , und die Gesetze ihren Ur=
prung nehmen. Diese sind nur die
Summen der kleinsten Antheilen von
der besondern Freyheit , so ein jeder zu
einem eignen Besten aufgeopfert hatte.
Die oberste Gewalt stellet nur den all=
gemeinen Willen vor , welcher jenes
Ganze ausmacht , so aus den beson=
dern Willen eines jeden bestehet. Wer
st doch derjenige , der jemals einem
andern den freyen Willen ihn zu tödten
überlassen hat? wie kann unter das
kleinste Opfer der Freyheit eines jeden,
das größte aller Güter , nämlich das
Leben gerechnet werden? und wenn
dieses geschehen ist , wie verträgt sich
ein solcher Grundsatz mit jenem , daß
der Mensch nicht die Macht habe , sich
selbst umzubringen? er müßte sie aber

G 3   ha=

haben, wenn er dieſes Recht einem andern, oder der ganzen Geſellſchaft, zu
übergeben hätte befugt ſeyn ſollen.

Die Todesſtrafe iſt derohalben kein
Recht, dann ich habe erwieſen, daß
ſie es nicht ſeyn kann, ſondern ein
Krieg der bürgerlichen Geſellſchaft mit
einem ihrer Bürger, weil ſie die Zer-
ſtöhrung ſeines Daſeyns für nothwendig oder nützlich hält; werde ich nun
erweiſen können, daß der Tod weder
nothwendig noch nützlich ſey, ſo werde
ich die Sache der Menſchlichkeit gewon-
nen haben.

Der Tod eines Bürgers kann nur
aus zweyen Beweggründen für nothwendig geachtet werden. Erſtens,
wenn ein Bürger, ungeachtet er ſeiner
Freyheit beraubet iſt, dennoch in ſolchen Verhältniſſen und in einer ſolchen
Macht ſtehet, daß dadurch die Sicherheit der bürgerlichen Geſellſchaft in
Gefahr gerathen könnte, oder wenn
ſein Daſeyn den Staat einer gefährlichen Veränderung ausſetzen ſollte.
Der Tod eines Bürgers wird aber nur
alsdann nothwendig, wann es darauf
an-

nkömmt, daß ein Volk seine Freyheit
ntweder verlieren, oder wieder ero-
)ern soll; oder zu den Zeiten, der
jänzlichen Anarchie, wo die Unord-
ung selbst die Stelle der Gesetze ver-
ritt. So lang die Gesetze im ruhigen
Ansehen sind, in einem Staate, dessen
Verfassung keine Trennung in dem
ereinigten Willen zuläßt, und welcher
on aussen wohl verwahret, und von
nen durch die Macht und das Vor-
rtheil, welches vielleicht noch kräfti-
er, als die Macht selbst wirkt, unter-
ützet ist, wo der Befehlsstab nur in
er Hand der eigentlichen obersten Ge-
valt ruhet, wo die Reichthümer nur
Vergnügungen, aber nicht Ansehen
nd Gewalt verschaffen, in einem sol-
)en Staate, sage ich, sehe ich keine
Nothwendigkeit, einem Bürger das
eben zu nehmen, ausser es wäre sein
Tod das wahre und einzige Zwangs-
nittel, andere von den Verbrechen abzuhalten, und dieses ist der zweyte Be-
veggrund, kraft dessen die Todesstrafe
ür nothwendig und nützlich gehalten
verden könnte.

Man

Man nehme die Erfahrung aller
Zeiten her, und man wird sehen, daß
Menschen, welche verwegen genug
sind, die Gesetze der bürgerlichen Gesellschaft zu verletzen, sich davon durch
die Todesstrafe niemals abschrecken
liessen, man erinnere sich des Beyspieles, welches uns die Geschichte von
den Römischen Bürgern liefert. Man
betrachte die 20jährige Regierung einer
Kaiserin Elisabeth aus Rußland, die
die erste den Vätern der Völker ein so
herrliches Beyspiel gab, welches gewiß,
wenn ich wenig sage, manchen durch
das Blut eigener Landskinder er-
kauften Eroberungen das Gleichgewicht
hält. Wann aber alles dieses die Menschen, denen jederzeit die Sprache der
Vernunft verdächtig, jene aber mit
dem Ansehen des Vorurtheils ge-
schmückte Sprache kräftig genug scheinet, nicht überzeugen soll, so darf man
nur die menschliche Natur zu Rathe
ziehen, um von der Wahrheit dessen,
was ich behaupten will, vollends über-
führt zu werden.

Nicht

Nicht die gleichsam in einem Mittelpunkt zusammen gehäuften, sondern e geringern aber ausgedehnten schmerzhen Empfindungen sind es, welche ey Vollstreckung einer Strafe auf das ienschliche Gemüth am stärksten wirn. Dann unsere Empfindungskraft irb viel leichter und auf eine längere zeit gerühret, durch geringe, aber oiederholte Eindrücke, als durch eine tarke aber bald vorübergehende Erschütterung. Die despotische Macht ier Gewohnheit verbreitet sich über alle ühlbare Wesen, und gleichwie der Mensch redet, gehet, und mittels derselben sich seine Bedürfnisse verschaft, o drücken sich auch die sittlichen Begriffe nur durch anhaltende und wiederholte Erschütterungen dem Gemüthe ein. Nicht das schreckliche und doch bald vorübergehende Schauspiel des Todes eines Lasterhaften, sondern das langwierige und unerträgliche Beyspiel eines seiner Freyheit beraubten Menschen, der zum Lastthier geworden, und der einer von ihm beleidigten bürgerlichen Gesellschaft in dem Schweisse

G 5   sei-

seines Angesichts den zugefügten Scha=
den abtragen muß, ist der stärkste Zaun
gegen die Verbrechen. Diese so oft
wiederholte und deswegen nachdrück=
liche Ueberlegung: ich selbst werde in
einen solchen langwierigen und elen=
den Zustand gerathen, wann ich der=
gleichen Mißhandlungen begehen soll=
te, ist von einer weit grösseren Kraft
als die Vorstellung des Todes, welche
sich dem Menschen allezeit in einer nur
dunkeln Entfernung darstellet.

Das Schrecken, welches die Vor=
stellung des Todes verursacht, mag
immerhin stark seyn, es kan dennoch
der natürlichen Vergessenheit des Men=
schen, auch nicht einmal in den wich=
tigsten Dingen, und besonders wenn
diese Vergessenheit von Leidenschaften
unterstützet wird, genugsamen Wider=
stand leisten. Es ist dieses eine allge=
meine Regel: die gewaltsame Leiden=
schaften überwältigen die Menschen,
aber nicht auf eine lange Zeit, und sind
deswegen geschickt, jene Veränderun=
gen hervorzubringen, wodurch Men=
schen vom gemeinen Schlage entweder
                                    zu

u weichlichen Perſianern oder harten
Spartanern werden; aber in einer
freyen und ruhigen Landes Regierung
müſſen die Eindrücke mehrer anhaltend
als ſtark ſeyn.

Die Strafe des Todes wird für
den größten Antheil ein Schauſpiel, und
für einige ein Gegenſtand eines mit
Unwillen vermiſchten Mitleidens. Dieſe
beyde Empfindungen beſchäftigen das
Gemüth der Zuſchauer weit mehr, als
das heilſame Schrecken, welches die
Geſetze dadurch einzuflößen ſuchen.
Aber die gemäßigten und unausbleib-
liche Strafen erwecken eine einzige,
und wie man ſie daher nennen kann,
letzte und herrſchende Empfindung.
Im erſten Falle gehet es zu, wie bey
einem Schauſpiele, der Geizige kehret
zu ſeinem Geldkaſten zurück, und der
Tirann fähret fort armen Witwen und
Waiſen die bitterſten Thränen auszu-
preſſen.

Eine Strafe muß, um, gerecht zu
ſeyn, nur diejenige Stuffe der Schärfe
haben, welche hinlänglich iſt die Menſchen von Verbrechen abzuhalten. Es
giebt

Ausflüchte die versprochene Straflosigkeit aufheben, und unerachtet des öffentlich gegebenen Worts, ein betroge-
nes Schlachtopfer, welches die Einla-
dung der Gesetze angenommen, zur
Strafe ziehen wollte? dergleichen Beyspiele sind unter den Völkern nicht selten, und deswegen giebt es auch Menschen genug, die sich eine Völkerschaft
nur als eine zusammengesetzte Maschine
vorstellen, deren Triebfedern der Ge-
schickteste und der Stärkste nach Willkur spannet; kaltsinnig und unfühlbar
für alles dasjenige, was bey zärtlichen
und erhabenen Seelen eine Quelle der
Lust wird, erwecken dergleichen Menschen mit einer Scharfsinnigkeit, die
sich durch nichts irren läßt, die ange-
nehmsten Empfindungen, die heftigsten
Leidenschaften, aber nur in soweit sie
zu ihrem Endzwecke dienlich sind, weil
sie die Gemüther ihrer Mitbürger, wie
der Tonkünstler sein Instrument zu be-
handlen wissen.

§. XV.

Von Gelindigkeit der Strafen.

Auch nur die bloße Betrachtung der
bis hieher vorgetragenen Wahrheiten erweiset uns klar, daß der Endzweck der Strafen nicht darinn bestehe,
in empfindliches Wesen zu betrüben
und zu peinigen, oder ein schon begangenes Verbrechen ungeschehen zu machen.
Kann wohl in einem politischen Körper, der weit entfernet aus Leidenschaft
zu handeln, vielmehr die besondere Leidenschaften eines jeden in stiller Ruhe
leiten und beherrschen soll, kann wohl
sage ich, in einem solchen Körper eine
dergleichen unnütze Grausamkeit, jenes
eitle Werkzeug der Wuth, und der
Schwärmerey oder machtloser Tyrannen Platz finden? Jo kann das Winseln
eines Unglücklichen auf der Folter das
vergangene, das nicht zurück kommt
widerruffen und das begangene Verbrechen ungeschehen machen? der Endzweck der Strafen ist demnach nur dieser:

ſer.: den Miſſethäter zu verhindern,
damit er nicht ſeinen Mitbürgern neue
Schäden zufüge, und die andern abzuhalten, damit ſie nicht dergleichen
Verbrechen begehen. Man muß derohalben nur ſolche Strafen und nur eine
ſolche Art in Auferlegung der Strafen
auswählen, wodurch nebſt Beybehal-
tung des Verhältniſſes ein ſchreckbarer
und dauerhafterer Eindruck auf die Gemüther der Menſchen, ohne den Körper
des Miſſethäters auf immer zu verſtüm-
meln gemacht werde.

Wer ſollte nicht bey Durchleſung
der Geſchichten vor Schrecken erſtarren
über jene barbariſche und unnützliche
Peinigungen, welche von Menſchen,
die ſich Weiſe nannten, mit kaltem
Blute erfunden und vollſtrecket wurden? wer ſoll nicht aufs empfindlichſte
gerühret werden, wenn man Millionen
Unglückliche ſieht, die eine von den Geſetzen, welche immerzu den kleinen
Haufen begünſtigen, und den groſſen
beleidigen, aufgedrungene oder doch
veranlaßte Armſeligkeit zu einer verzweifelten Rückkehr in den erſten Stand
der

er Natur gezogen hat? die man ent=
weder solcher Verbrechen angeklaget
hatte, welche unmöglich, oder nur von
einer furchsammen Unwissenheit ausge=
hecket worden sind, oder keiner andern
Vergehung schuldig erachtete, als daß
sie ihren eignen Grundsätzen treu ver=
lieben, und daher von Menschen, so
die nämliche Empfindungen und folg=
lich auch die nämlichen Leidenschaften
hatten, mit ausgesonnener Vorberei=
tung und langsamen Martern zerflei=
schet wurden? wahrhaftig ein ergötz=
liches Schauspiel für einen schwärmeri=
schen Pöbel.

Die Grausamkeit der Strafe giebt
sogar selbst Anlaß, daß man viel meh=
res unternimmt * und mehrere Lastern
begehet um die Bestrafung eines einzi=
gen zu vermeiden. Jene Landschaften
und

* In Moskau, wo die Strafen der Rauber und
Mörder, einerley sind, werden immer Leute um=
gebracht. Die Todten, sagt man daselbst, er=
zehlen nichts. In England begehet man keine
Mordthaten: weil die Rauber Hofnung haben in
die Colonien übersühret zu werden, nicht aber die
Mörder. Montesquiou I. T. 16. B. 17. C.

und Zeiten , wo man am härtesten
strafte , waren allezeit die Schauplätze
der unmenschlichsten und blutdürstigsten
Handlungen , weil der nämliche Geist
der Grausamkeit , der die Hand des
Gesetzgebers leitete , auch diejenige des
Vater = und Meüchelmörders ange=
strecket hat ; dieser nämliche unselige
Geist ist es , welcher vom Throne herab
das Joch eisener Gesetze jenen verhärte=
ten und unglücklichen Sklaven aufer=
legt ; und diese gehorchen zu einer Zeit,
da mitlerweile eben derselbe Geist die
finstern und unbekannten Hütten jener
Elenden durchwandert , und sie ermun=
tert, Tyrannen blos darum zu stürzen,
um gleich darauf neuen Peinigern in
die Hände zu fallen.

In eben der Maaß , als die Be=
strafungen schwerer werden , verhärten
sich auch die menschliche Gemüther,
welche wir die flüßigen Dinge , mit
den Gegenständen , wovon sie umgeben
sind , sich allezeit in das Gleichgewicht
setzen, und die stetts lebhafte Kraft der
Leidenschaften verursachet , daß nach
einer hundertjährigen Anwendung der
grau=

grauſamſten Strafen, das Rad keinen
gröſſern Schrecken erreget, als ehevor
der Kerker that. Damit eine Strafe
ihre Wirkung erreiche, iſt es genug,
daß das Uebel der Strafe den vorge-
bildeten Vortheil, der aus dem Verbrechen entſtehet, überwäge, und zu
dieſem Uebergewicht muß die Unfehlbar-
keit der Strafe, und der Verluſt des
mit dem Verbrechen verknüpften Vor-
theiles gerechnet werden: alles was
darüber geht, iſt alsdann überflüßig
und deswegen ungerecht; die Menſchen
richten ſich nach dem oft wiederholten
Begrif des Uebels, welches ſie erkennen, nicht nach dem das ihnen unbekannt iſt. Setze man zum Beyſpiele
zwey Völker, ſo, daß bey dem erſteren
in der Reihe der Strafen, die mit der
Reihe der Verbrechen im Verhältniſſe
ſtehen, eine ewige Knechtſchaft zur
härteſten Strafe beſtimmet ſey, und
bey dem andern das Rad; ſo behaupte
ich, daß dem erſteren die bey demſelben
ausgeſetzte größte Strafe eben ſo er-
ſchrecklich ſeyn wird, als dem zweyten
die ſeinige: gäbe es nun eine gegründete

G   Ur-

Urſach, die gröſte Strafe, welche bey
dem zweyten Volk im Schwung geht,
unter das erſtere zu verſetzen, ſo müßte
man der nämlichen Bewegungsgründe
halber, die Strafen des letztern nach
eben dem nämlichen Verhältniſſe ver=
gröſſern, und auf ſolche Art unmerklich
zu langwierigen und noch mehr ausge=
ſonnenen Peinen fortſchreiten, auch
endlich die äuſſerſte Stuffe jener Wiſ=
ſenſchaft erreichen, die den Tyrannen
nur gar zu wohl bekannt ware.

Noch zwo andere traurige Folge=
rungen entſtehen aus der Grauſamkeit
der Strafen, die dem Endzweck ſelbſt,
dem Verbrechen zuvor zu kommen, zu=
wider ſind. Die erſte iſt, daß es in
ſolchem Falle ungemein ſchwer fällt,
das weſentliche Verhältniß zwiſchen
dem Verbrechen und der Strafe beyzu=
behalten; denn ob wohl die in neuen
Erfindungen unerſchöpfliche Grauſam=
keit, die Arten und Gattungen der
Strafen ins unendliche zu verändern
ſich beſtrebet, ſo können ſie doch nicht
jenen äuſſerſten Grad überſchreiten,
wel=

elchen die Natur der menschlichen
mpfindlichkeit und Leibesbeschaffen=
eit gesetzet hat. Wenn man einmal
iese äusserste Gränzen würde erreichet
aben, so könnte man für schädlichere
nd gröbere Verbrechen keine genug
ofchreckende Strafen erfinden, um die
röffere Laster zu verhütten, welches
och nothwendig wäre. Die zweyte
Folgerung hingegen ist diese: daß selbst
us der Grausamkeit der Strafen die
Straflosigkeit entstehe. Den Menschen
nd sowohl im Guten als im Bösen
ewiffe Schranken gesetzt: und ein für
ie Menschlichkeit gar zu grausames
Schauspiel kann nur ein Werk einer
orübergehenden Wuth seyn, niemals
ber ein beständiges Lehrgebäude, wie
s die Gesetzgebung ist; sind nun die
Gesetze wahrhaft grausam, so verän=
ern sie sich: oder es entspringet aus
en Gesetzen selbst eine höchst schädliche
Veranlassung, sich der Strafe zu ent=
iehen.

Ich schlüsse mit einer Beobach=
ung, daß die Größe der Strafen sich

nach dem verschiedenen Zustande der
Staaten richten müsse. Weit stärkere
und empfindlichere Eindrücke werden
bey den verhärteten Gemüthern eines Volks erfordert, das kaum aus
dem Stande seiner natürlichen Wild-
heit getretten ist. Nur ein Donnerkeil
kann einen grimmigen Löwen zu Boden
schlagen, den eine geringere Flamme
nur wütender machen würde. Allein
gleichwie durch das gesellige Leben das
menschliche Herz immer weichlicher und
sofort immer fühlbarer wird; so muß
auch, nachdem dergleichen Veränderung vorher gegangen sind, die Härte
der ehemaligen Strafen gelindert werden; woferne man anders ein beständiges Verhältniß zwischen der menschlichen Fühlung und den Gegenständen
derselben erhalten will.

§. XVI.
Von der Todes Strafe.

Jene unnütze Verschwendung der Peinen, wodurch die Menschen nie besser

er geworden, hat mich zur Untersuchung gebracht, ob die Todesstrafe
in einer wohlbestellten Regierungsver-
fassung wahrhaftig nützlich und gerecht
sey. Woher kann doch jenes Recht
entstehen, welches sich die Menschen
zueignen, ihres gleichen zu tödten?
gewiß nicht daher, wovon die oberste
Gewalt, und die Gesetze ihren Ursprung nehmen. Diese sind nur die
Summen der kleinsten Antheilen von
der besondern Freyheit, so ein jeder zu
einem eignen Besten aufgeopfert hatte.
Die oberste Gewalt stellet nur den allgemeinen Willen vor, welcher jenes
Ganze ausmacht, so aus den besondern Willen eines jeden bestehet. Wer
ist doch derjenige, der jemals einem
andern den freyen Willen ihn zu tödten
überlassen hat? wie kann unter das
kleinste Opfer der Freyheit eines jeden,
das größte aller Güter, nämlich das
Leben gerechnet werden? und wenn
dieses geschehen ist, wie verträgt sich
ein solcher Grundsatz mit jenem, daß
der Mensch nicht die Macht habe, sich
selbst umzubringen? er müßte sie aber

ha-

haben, wenn er dieses Recht einem andern, oder der ganzen Gesellschaft, zu
übergeben hätte befugt seyn sollen.

Die Todesstrafe ist derohalben kein
Recht, dann ich habe erwiesen, daß
sie es nicht seyn kann, sondern ein
Krieg der bürgerlichen Gesellschaft mit
einem ihrer Bürger, weil sie die Zer-
stöhrung seines Daseyns für nothwendig oder nützlich hält; werde ich nun
erweisen können, daß der Tod weder
nothwendig noch nützlich sey, so werde
ich die Sache der Menschlichkeit gewon-
nen haben.

Der Tod eines Bürgers kann nur
aus zweyen Beweggründen für nothwendig geachtet werden. Erstens,
wenn ein Bürger, ungeachtet er seiner
Freyheit beraubet ist, dennoch in solchen Verhältnissen und in einer solchen
Macht stehet, daß dadurch die Sicherheit der bürgerlichen Gesellschaft in
Gefahr gerathen könnte, oder wenn
sein Daseyn den Staat einer gefährlichen Veränderung aussetzen sollte.
Der Tod eines Bürgers wird aber nur
alsdann nothwendig, wann es darauf

anzukömmt, daß ein Volk seine Freyheit entweder verlieren, oder wieder erobern soll; oder zu den Zeiten, der gänzlichen Anarchie, wo die Unordnung selbst die Stelle der Gesetze vertritt. So lang die Gesetze im ruhigen Ansehen sind, in einem Staate, dessen Verfassung keine Trennung in dem vereinigten Willen zuläßt, und welcher von aussen wohl verwahret, und von innen durch die Macht und das Vorurtheil, welches vielleicht noch kräftiger, als die Macht selbst wirkt, unterstützet ist, wo der Befehlsstab nur in der Hand der eigentlichen obersten Gewalt ruhet, wo die Reichthümer nur Vergnügungen, aber nicht Ansehen und Gewalt verschaffen, in einem solchen Staate, sage ich, sehe ich keine Nothwendigkeit, einem Bürger das Leben zu nehmen, ausser es wäre sein Tod das wahre und einzige Zwangsmittel, andere von den Verbrechen abzuhalten, und dieses ist der zweyte Beweggrund, kraft dessen die Todesstrafe für nothwendig und nützlich gehalten werden könnte.

G 4   Man

Man nehme die Erfahrung aller
Zeiten her, und man wird sehen, daß
Menschen, welche verwegen genug
sind, die Geseze der bürgerlichen Ge=
sellschaft zu verlezen, sich davon durch
die Todesstrafe niemals abschrecken
liessen, man erinnere sich des Beyspie=
les, welches uns die Geschichte von
den Römischen Bürgern liefert. Man
betrachte die 20jährige Regierung einer
Kaiserin Elisabeth aus Rußland, die
die erste den Vätern der Völker ein so
herrliches Beyspiel gab, welches gewiß,
wenn ich wenig sage, manchen durch
das Blut eigener Landskinder er=
kauften Eroberungen das Gleichgewicht
hält. Wann aber alles dieses die Men=
schen, denen jederzeit die Sprache der
Vernunft verdächtig, jene aber mit
dem Ansehen des Vorurtheils ge=
schmückte Sprache kräftig genug schei=
net, nicht überzeugen soll, so darf man
nur die menschliche Natur zu Rathe
ziehen, um von der Wahrheit dessen,
was ich behaupten will, vollends über=
führt zu werden.

Nicht

Nicht die gleichſam in einem Mittelpunkt zuſammen gehäuften, ſondern
die geringern aber ausgedehnten ſchmerz-
lichen Empfindungen ſind es, welche
bey Vollſtreckung einer Strafe auf das
menſchliche Gemüth am ſtärkſten wirken. Dann unſere Empfindungskraft
wird viel leichter und auf eine längere
Zeit gerühret, durch geringe, aber
wiederholte Eindrücke, als durch eine
ſtarke aber bald vorübergehende Er-
ſchütterung. Die deſpotiſche Macht
der Gewohnheit verbreitet ſich über alle
fühlbare Weſen, und gleichwie der
Menſch redet, gehet, und mittels derſelben ſich ſeine Bedürfniſſe verſchaft,
ſo drücken ſich auch die ſittlichen Begriffe nur durch anhaltende und wiederholte Erſchütterungen dem Gemüthe
ein. Nicht das ſchreckliche und doch
bald vorübergehende Schauſpiel des
Todes eines Laſterhaften, ſondern das
langwierige und unerträgliche Beyſpiel
eines ſeiner Freyheit beraubten' Menſchen, der zum Laſtthier geworden,
und der einer von ihm beleidigten bürgerlichen Geſellſchaft in dem Schweiſſe

G 5   ſei-

seines Angesichts den zugefügten Scha=
den abtragen muß, ist der stärkste Zaun
gegen die Verbrechen. Diese so oft
wiederholte und deswegen nachdrück=
liche Ueberlegung: ich selbst werde in
einen solchen langwierigen und elen=
den Zustand gerathen, wann ich der=
gleichen Mißhandlungen begehen soll=
te, ist von einer weit grösseren Kraft
als die Vorstellung des Todes, welche
sich dem Menschen allezeit in einer nur
dunkeln Entfernung darstellet.

Das Schrecken, welches die Vor=
stellung des Todes verursacht, mag
immerhin stark seyn, es kan dennoch
der natürlichen Vergessenheit des Men=
schen, auch nicht einmal in den wich=
tigsten Dingen, und besonders wenn
diese Vergessenheit von Leidenschaften
unterstützet wird, genugsamen Wider=
stand leisten. Es ist dieses eine allge=
meine Regel: die gewaltsame Leiden=
schaften überwältigen die Menschen,
aber nicht auf eine lange Zeit, und sind
deswegen geschickt, jene Veränderun=
gen hervorzubringen, wodurch Men=
schen vom gemeinen Schlage entweder
zu

zu weichlichen Perſianern oder harten
Spartanern werden ; aber in einer
freyen und ruhigen Landes Regierung
müſſen die Eindrücke mehrer anhaltend
als ſtark ſeyn.

Die Strafe des Todes wird für
den größten Antheil ein Schauſpiel, und
für einige ein Gegenſtand eines mit
Unwillen vermiſchten Mitleidens. Dieſe
beyde Empfindungen beſchäftigen das
Gemüth der Zuſchauer weit mehr, als
das heilſame Schrecken, welches die
Geſetze dadurch einzuflöſſen ſuchen.
Aber die gemäßigten und unausbleib-
liche Strafen erwecken eine einzige,
und wie man ſie daher nennen kann,
letzte und herrſchende Empfindung.
Im erſten Falle gehet es zu, wie bey
einem Schauſpiele, der Geizige kehret
zu ſeinem Geldkaſten zurück, und der
Tirann fähret fort armen Witwen und
Waiſen die bitterſten Thränen auszu-
preſſen.

Eine Strafe muß, um, gerecht zu
ſeyn, nur diejenige Stuffe der Schärfe
haben, welche hinlänglich iſt die Menſchen von Verbrechen abzuhalten. Es
giebt

giebt aber keinen so unsinnigen Men=
schen, der, um ein Laster begehen zu
können, und wenns noch so anlockend
wäre sich seiner Freyheit gänzlich und
auf ewig berauben wollte. Dahero hat
die Strafe der ewigen Dienstbarkeit
mit der Strafe des Todes verwechselt,
hinlängliche Wirksamkeit, ein auch ab=
gehärtetes Gemüth von Mißhandlun=
gen abzuhalten; Ja ich behaupte, daß
sie noch wirksamer sey; sehr viele
Menschen sehen dem Tod ruhig und
gelassen entgegen, einige aus Schwär=
merey, einige aus Eitelkeit, welche
fast allezeit den Menschen auch jenseits
des Grabes begleitet; andere hingegen
aus Verzweifelung, welche sie zum letz=
ten Versuche anspornet, das Leben zu
lassen, oder dem Elende zu entgehen.
Allein Eitelkeit und Schwärmerey ver=
lassen den Verbrecher in Ketten unter
Streichen, und in einem eisenen Ke=
ficht; und die Verzweifelung macht
seinem Elende kein Ende, sondern fangt
es vielmehr an. Unser Gemüth wider=
stehet leichter der Gewalt und dem äus=
sersten aber nicht anhaltenden Schmer=
zen,

zen, als der Langwierigkeit der Zeit,
und einer unaufhörlichen Mühseligkeit;
denn es kann, so zu sagen sich auf einen
Augenblick ganz gefaßt machen, um
das erstere auszuhalten, aber nie hat
es Spannung genug, den langwierigen
und immer wiederholten Anfällen der
letztern zu widerstehen.

Jedes Beyspiel, welches man
mittelst der Todes Strafe einem Volke
vor Augen stellt, setzet ein begangenes
Verbrechen voraus; die für ein einzi-
ges Verbrechen verhängte Strafe der
ewigen Knechtschaft giebt hingegen sehr
viele und anhaltende Beyspiele, ist es
nun von einer sehr grossen Wichtigkeit,
daß man den Menschen die Macht der
Gesetze öfters vor Augen stelle, so
muß eine Todesstrafe auf die andere
folgen: wir müssen mithin voraussetzen,
daß auch öfters halsbrüchige Verbrechen begangen werden; soll nun
diese Bestrafung wirklich nützlich seyn,
so darf sie nicht allen den Eindruck auf
die menschlichen Gemüther machen,
das ist eben so viel gefodert, als wann
sie zu der nämlichen Zeit nützlich und
un-

unnützlich seyn sollte. Man wird mir
einwenden, daß die ewige Knechtschaft
eben so schmerzlich als der Tod selbst,
und deswegen eben so grausam sey:
Ich aber antworte: sie sey vielleicht
noch grausamer, wenn man alle un=
glückliche Augenblicke der Sclaverey zu=
sammen rechnen will; aber diese Augen=
blicke verbreiten sich durch eine ganze
Lebenszeit, der Tod hingegen übet
seine ganze Kraft in einem kurzen Zeit=
punkt aus : über dieses bringt die
Strafe der Knechtschaft dem Staate
diesen Vortheil, daß sie demjenigen
schrecklicher ist, der sie sieht, als dem,
der sie ausstehet; denn der erste hat die
ganze Summe aller unglücklichen Au=
genblicke vor Augen: und der zweyte
wird in der Vorstellung des künftigen
Elends durch die Empfindung des ge=
genwärtigen zerstreuet. Alle Uebel ver=
grössern sich in der Einbildungskraft,
und der Leidende findet Hülfsmittel
und Tröstungen, welche den Zuschauern
theils unbekannt, theils unglaublich
sind, weil sie nach ihrer eignen Em=
pfindung ein in dem Unglücke verhärte=
tes

tes Gemüth beurtheilen. Ich weiß
zwar, daß die Empfindungen seines
eignen Gemüths zu entwickeln eine
Kunst seye, die man durch die Erziehung lernet; allein wenn auch ein
Straßenrauber seine Grundsätze nur
verwirrt und irrig mitzutheilen weiß,
so handelt er deswegen dennoch darnach. Nun scheinet aber fast auf folgende Art ein Straßenrauber oder
Mörder, der, um die Gesetze nicht zu
verletzen, kein anders Gegengewicht
als den Strang oder das Rad findet,
bey sich Vernunftschlüsse zu machen.
Was sind dieses für Gesetze, die ich
verehren soll, und die einen so grossen
Zwischenraum zwischen mir und den
Reichen zurück lassen: er verweigert
mir einen Pfenning, um den ich bitte,
und er weiset mir eine Arbeit an, die
er nicht kennet. Wer hat diese Gesetze gemacht? Ja, ja! reiche und
mächtige Menschen haben sie ausge-
heckt, die sich niemals gewürdiget
haben, die elenden Hütten des Armen
zu besuchen, die niemals unter dem
unschuldigen Geschrey verhungerter
Kin-

Kinder und den Thränen des Ehe-
weibs sich selbst eines verschimmelten
Stückgen Brods berauben müssen,
um es mit jenen zu theilen. Ey so
laßt uns die Bände zertrennen!
Bände, die dem größten Theil schädlich und einigen wenigen weichlichen
Tirannen nützlich sind. Lasset uns
die Ungerechtigkeit in ihrer Urquelle
angreifen. Ich will zu meinem
Stande der natürlichen Unabhängigkeit zurück kehren, ich will frey und
glücklich leben, wenigstens auf einige
Zeit, mittelst der Früchte meines
Muths und meines Fleisses. Vielleicht wird der Tag des Schmerzens
und der Reue kommen, aber nur
kurz wird die Zeit dauern, und für
so viele in Freyheit und Vergnügungen
zugebrachte Jahre werde ich wohl
einen einzigen Tag des Trübsals er-
tragen können. Als König eines kleinen Haufens will ich die Fehler des
Schicksals verbessern; wohlan! mit
Freude werde ich es ansehen, wie jene
Tirannen erbleichen und erzittern in
der Gegenwart desjenigen, den sie so
oft

oft mit einem schimpflichen Stolz für
geringer, als ihre Pferde und Hunde
gehalten haben. Alsdann stellet sich
auch die Religion dem Lasterhaften, der
alles mißbraucht, im Gemüthe vor, und
da sie ihm eine leichte Reue, ja fast gar
eine Gewißheit der ewigen Glückselig=
keit darbietet, vermindert sie um vieles
diesen Schrecken des letzten Trauer=
spiels.

Aber jener, der eine lange Reihe
von Jahren oder gar einen ganzen Le=
benslauf sich vor Augen stellet, so er in
der Sklaverey und im Schmerzen zu=
bringen sollte, und zwar in Angesicht
seiner Mitbürger, mit denen er frey und
gesellig lebte, und als ein Sklav jener
Gesetze, von denen er geschützet worden,
ein solcher Mensch, sage ich, würde von
einer nützlichen Betrachtung gerührt,
alles dieses Ungemach entgegen halten,
der Ungewißheit des Ausganges, und
dem so geschwind vorübergehenden Vor=
theile seiner Verbrechen. Das immer=
währende Beyspiel der jenigen, die er
wirklich als Schlachtopfer ihrer eigenen
Thorheit sieht, bringt ihm einen weit

H   grös=

gröſſern Eindruck bey, als das Schauſpiel einer Strafe, die ihn mehr verhärtet, als verbeſſert.

Die Todesſtrafe iſt auch aus der
Urſache nicht nützlich, weil ſie dem Menſchen ein Beyſpiel der Grauſamkeit dar-
ſtellet. Die Leidenſchaften, oder die
Nothwendigkeit des Kriegs haben zwar
gelehret, Menſchenblut zu vergieſſen,
allein die Geſetze, ſo die menſchlichen
Handlungen leiten und mäßigen, ſollten dieſes grauſame Beyſpiel nicht
vermehren, welches in dieſem letztern
Falle deſto ſchädlicher iſt, je gröſſer die
Uberlegung und Feyerlichkeit zu ſeyn
pflegt, womit die blutdürſtigen Geſetze
zu Werke gehen. Es ſcheinet widerſin-
nig zu ſeyn, daß die Geſetze, wodurch
ſich der vereinigte Wille geſamten Bürger ausdrucket, und welche den Tod-
ſchlag verabſcheuen und beſtrafen, ſelbſt
dergleichen begehen, und um die Bürger
vom Morden abzuhalten, ſelbſt eine öfentliche Mordthat verordnen ſollten. Welches ſind die wahrhaften und nützlichſten Geſetze? ſolche Verträge und Bedingniſſe ſind es, die jedermann vorzüglich)

lich zu erfüllen geneigt wäre, in jenen
Augenblicken, wo die immer Gehör fin-
dende Stimme des besondern Eigennu-
tzes schweigt, oder wenn das besondere
Gute gegen das allgemeine Beste gehalten wird. Was sind aber jene für
Empfindungen, so die Todesstrafe in
einesjeden Gemüthe erreget? wir können sie deutlich genug aus jenem Merk-
malen des Unwillens und der Verachtung lesen, womit ein jeder den Henker
betrachtet, der doch ein unschuldiger
Vollstrecker des allgemeinen Willens
und ein guter Bürger ist, der zum offentlichen Wohl das seinige beyträgt, und
ein eben so nothwendiges Werkzeug für
die innerliche Sicherheit des gemeinen
Wesens ist, als es die tapfern Soldaten
für die äußerliche sind. Woher entstehet dann also dieser Widerspruch? und
warum kann der Mensch aller Bemü-
hungen seiner Vernunft unerachtet, diese schaudervolle Empfindung auf keine
Weise ersticken? es kommt daher, weil
wir in einem auserlesen Theil unserer
Seelen noch die ursprüngliche Eindrücke
und Empfindungen erhalten haben, die

H 2   uns

uns jederzeit zu erkennen geben, daß
niemand außer dem nothwendigen We=
sen, welches die Welt regieret, über
unser Leben eine rechtmäßige Gewalt
habe.

Was sollen die Menschen gedenken,
wenn sie sehen, daß Obrigkeiten, die
sich dazu noch weise, und ehrwürdige
Priester der Gerechtigkeit nennen, mit
einer geruhigen Gleichgültigkeit, und
langsamen Zubereitung einen schuldigen
zum Tode hinreissen lassen; wenn sie se=
hen, sage ich, daß der Richter zu eben
jener Zeit, wo ein armseliger mit den
letzten Todesängsten in Erwartung des
traurigen Streiches kämpfet, mit einer
unempfindlicher Kaltblütigkeit, ja viel=
leicht auch mit einem heimlichen Stolze
über sein eigenes Ansehen zum Genuß
der Bequemlichkeiten und Vergnügun=
gen des Lebens hineilen? Ach! werden
sie sagen, diese Gesetze sind wahrhaf=
tig nichts anders, als ein Vorwand
einer mißbrauchten Gewalt, nichts
als eine ausgesonnene und grausame
Feyerlichkeit einer abentheurlichen Ge=
rechtigkeit; nichts als die gemeine

Spra=

Sprache einiger Grausamen, die sich
zu unserm Umsturz verschworen hatten,
um uns mit desto grösserer Sicherheit
gleich denen dem Altar geweyhten Op-
ferthieren, dem unersättlichen Götzen-
bild des Despotismus aufzuschlachten.
Wir sehen, daß man den Todschlag, den
man uns als eine so entsetzliche Missethat vorprediget, gleichwohl ohne
mindesten Widerstand und mit kaltem
Geblüt ausübet. Wohlan, laßt uns
dieses Beyspiel zu Nutzen machen. Der
gewaltsame Tod schien uns in Beschrei-
bungen, die man uns davon machte,
ein erschrecklicher Auftritt zu seyn, aber
nun sahen wir, daß er eine Sache von
einem Augenblicke ist; wie viel geringer muß er nicht demjenigen vorkommen, der, indeme er ihn nicht erwartet, noch alles dasjenige vermisset,
was er an sich seblst schmerzhaftes
hat. Dergleichen falsche Vernunftschlüsse machen jene Menschen, wo nicht
deutlich, doch wenigstens dunklerweise,
die sich einmal vornehmen Verbrechen zu
begehen; hierzu kommt noch das Vorurtheil einer übelverstandenen Religion,

H 3   wel-

welches wir bereits gezeiget haben, weit
mehr, als die ächte Religion selbst bey
den meisten Menschen vermag.

Wollte man mir aber das Beyspiel
fast aller Zeiten und fast aller Völker
entgegen setzen, welche die Todesstrafe
für einige Verbrechen bestimmet haben;
so antworte ich, daß dieses Beyspiel
vor dem Angesicht der Wahrheit, wi=
der welche keine Verjährung gilt, nicht
bestehen könnte ; und daß leider die
Geschichte der Menschen uns ein unum=
gränztes Meer von Irrthümmern vor
Augen legt, worunter nur einige weni=
ge, nicht genugsam aufgeklärte und
durch grosse Zwischenraume entfernte
Wahrheiten oben aufschwimmen. Die
menschlichen Schlachtopfer sind ja eben=
falls fast allen Völkern gemein gewesen,
und wer darf es darum wagen, sie zu
entschuldigen? daß hingegen einige we=
nige bürgerliche Gesellschaften, und
auch diese nur auf eine kurze Zeit sich
enthalten haben, jemand zum Tode zu
verdammen, dieses dient vielmehr zur
Bestärkung meines Satzes, denn hie=
rinn haben alle grosse Wahrheiten ein
gleich=

gleichmäßiges Schickſal, daß nämlich
ihre Daure nur gleichſam ein vorüber=
gehender Blitz in Vergleichung jener
langen und düſtern Nacht iſt, ſo die
Menſchen umſchattet. Noch iſt jener
glückliche Zeitpunkt nicht erſchienen, wo
die Wahrheit, wie bisher der Irrthum
bey dem gröſſern Haufen der Menſchen
Platz finden könnte, und hiervon ſind
nur jene Wahrheiten ausgenommen,
welche vor andern die unendliche Weis=
heit mittels der Offenbarung unter=
ſcheiden wollte.

Die Stimme eines Weltweiſen iſt
viel zu ſchwach gegen das Geſchrey und
das Lärmen ſo vieler Menſchen, die nur
von einer blinden Gewohnheit geleitet
werden, aber bey der kleiner Anzahl der
Weiſen, die auf dem Erdboden ausge=
ſtreuet ſind, wird mir im Innerſten des
Herzens ein Wiederhall antworten, und
wann die Wahrheit unter den unendli=
chen Hinderniſſen, die ſie von dem Mo=
narchen entfernen, gleichwohl bis zum
Thron vordringen könnte, ſo ſoll der
Monarch wiſſen, daß ſie von den heim=
lichen Wünſchen aller Menſchen beglei=

H 4   tet

tet dahin komme ; er soll wissen, daß
vor ihrem Angesicht, der auf Leichen
und Verwüstung anhergehende Ruhm
jener blutdürstigen Eroberer erstummen,
und billige Nachwelt ihm den ersten
Platz zwischen den friedfertigen Sieges=
zeichen eines Titus, Antonius und Tra=
janus zueignen wird. Wie glückselig
würden die Menschen seyn, wofern zum
erstenmal in unseren Zeiten andere Ge=
setze ertheilet würden, in unseren Zeiten
sage ich, wo wir auf den Thronen Eu=
ropens Monarchen sehen, die gutthäti=
ge Liebhaber der friedfertigen Tugen=
den, Freunde der Wissenschaften und
der Künste, Väter ihrer Völker und
gekrönte Bürger sind, deren immer
zunehmende Gewalt, den Grund zur
Glückseligkeit ihrer Unterthanen leget,
indem sie jenen einschleichenden Despo=
tismus immer mehr und mehr in seine
Schranken zuruck treibet, jenen Despo=
tismus, sage ich, dessen Grausamkeit
desto grösser, je geringer seine Sicher=
heit ist, und wodurch die Stimme eines
ganzen seufzenden Volkes immer ersti=
cket wird ; eine Stimme, die jederzeit
eben

eben so ungekünstelt als höchst erprießlich ist; woferne sie bis zu dem Thron des Regenten gelangen kann. Geschiehet es nun, daß dergleichen Monarchen, so wir heutiges Tages auf dem Thron bewundern, die alten Gesetze abzuschaffen sich gleichwohl nicht entschliessen wollen, o! so weiß ich gewiß, daß sie blos durch fast unübersteigliche Schwierigkeiten zuruck gehalten werden, indem sie voraus sehen, wie schwer es halten würde, an jene ehrwürdige und durch so viele Jahrhundert gleichsam verröstete Irrthümmer die Feile anzulegen, wenigstens sollten aus dieser Ursache alle Bürger eines aufgeklärten Geistes desto eifriger zu wünschen bewogen werden, daß die Gewalt so rühmlicher Regenten immer mehr und mehr sich erweitere.

§. XVII.

Von Verbannung und Einziehung der Güter.

Ein jeder, der die öfentliche Ruhe stöhrt, und den Gesetzen nicht ge-

H 5

hor=

horchet, das ist, den Bedingnissen nicht
nachlebet, wodurch die Menschen einander beschützen, muß von der bürgerlichen Gesellschaft ausgeschlossen, das
ist, verbannet werden. Es scheinet als
wenn mit der Strafe der Verbañung diejenigen belegt werden müßten, die eines
schweren Verbrechens angeklaget und
ohnerachtet eines schweren Verdachts
dennoch nicht wegen des zugemutheten
Verbrechens überwiesen worden. Ein
Gesetz würde also nothwendig seyn, in
welchem aller Willkürlichkeit vorgebogen, und die Strafe der Verbannung
mit der äußersten Genauigkeit gegen jene verhängt werden müßte, welche den
Staat zu der verdrißlichen Auswahl gezwungen haben, entweder den Beschul-
bigten zu fürchten, oder ihme ein Unbill jedoch so zuzufügen, daß ihme das
heilige und unverletzliche Recht seine
Unschuld ferners zu erweisen überlassen
werde. Man müßte erheblichere Beweise bey Verbannung eines Bürgers,
als bey Verbannung eines Fremden,
bey einem zum erstenmal angeklagten,
als bey einem schon oftmal dessentwegen
                                         fürs

fürs Gericht gerufenen, fodern. Soll man aber denjenigen, der von der bürgerlichen Gesellschaft, wovon er ein Mitglied war, verbannet und ausgeschlossen worden, auch seiner Güter berauben? dieses ist eine Frage, die aus verschiedenen Gesichtspunkten zu betrachten ist. Der Verlust der Güter ist eine grössere Strafe, als die Verbannung; es muß also einige Fälle geben, in welchen, nach Verhältniß der Verbrechen entweder der Verlust aller, oder eines Theils der Güter, Platz findet, und auch einige, wo dieses nicht geschieht. Der Verlust aller Güter ereignet sich alsdann, wenn die von den Gesetzen verhängte Verbannung eine solche ist, daß dadurch alle Verhältnisse, die zwischen der Gesellschaft und zwischen den sträflichen Bürger obwalten, gänzlich vernichtet werden. In diesem Falle stirbt der Bürger, und der Mensch bleibt allein übrig, ja in Ansehung des politischen Körpers muß die nämliche Wirkung erfolgen, die sonst der natürliche Tod hervorbringet. Es scheinet dahero, daß die dem Schuldigen genomme

mene Güter eher den rechtmäßigen Erben, als dem Landesfürsten zufallen sollten, denn der Tod und eine solche Verbannung sind gleich nur in Ansehung des politischen Körpers. Allein die Ungerechtigkeit, die ich den Einziehungen der Güter zumesse, gründet sich nicht auf dergleichen ausgeklügelte Sätze: sollten auch einige behauptet haben, daß diese Einziehungen die Privatrache und Gewaltthätigkeiten zu bezähmen fähig wären, so haben sie doch nicht in Betrachtung gezogen, daß die Strafen, wenn sie auch etwas gutes wirken, deswegen nicht immer gerecht seyn; dann die Gerechtigkeit derselben muß von der Nothwendigkeit allein bestimmet werden. Und niemals darf ein Gesetzgeber eine auch nützliche Ungerechtigkeit gedulden, wenn er alle Zugänge der immer laurenden Tranney verschliessen will, welche unter dem Vorwand eines gegenwärtigen, aber auch nur augenblicklichen Guten den Anfang zu immerdaurenden Verderbniß macht, und welche dem elenden Pöbel Thränen aus den Augen presset, um einige Grosse desto
glück

glücklicher zu machen. Durch die Einziehung der Güter wird auf das Haupt des
Schwachen ein Preis gesetzt, dem Unschuldigen wird die Strafe des Schuldigen auferlegt, und es werden auch die
Unschuldigen zur verzweifelten Nothwendigkeit gebracht, Verbrechen zu begehen. Hat man wohl ein trauriges
Beyspiel gesehen, als eine Familie, die
wegen eines Verbrechens ihres Haupts,
mit Elend und Schande beladen wird,
wegen eines Verbrechens, an dessen
Verhüttung, die von den Gesetzen selbst
anbefohlene Unterwürfigkeit, sie würde
verhindert haben, wenn sie auch hinlängliche Mittel darzu gehabt hätte.

§. XVIII.
Von der Strafe der Entehrung.

Die Strafe der Unehrlichkeit ist ein
Zeichen des öffentlichen Mißfal-
lens, welches einen Bürger der Achtung
und des Vertrauens beraubet, welches
die Gesellschaft für ihn hegte, und schlie-
ßet ihn aus von derjenigen Brüder-
schaft,

schaft, die zwischen den Gliedern eines
Staats zu seyn pflegt.

In dem jetzigen Zustande der Ge=
sellschaften hängt die Strafe der Unehr=
lichkeit nicht allemal von den Gesetzen
ab. Die von dem Gesetz bestimmte Un=
ehrlichkeit muß mit derjenigen einerley
seyn, die aus der allgemeinen Moral
herfließet, oder wenigstens aus der be=
sondern Moral, und den besondern Ge=
webe der Gesetze, die von einer Nation
angenommen sind, und nach welchen
sich die Meynungen des Pöbels richten.
Wenn die Unehrlichkeit, die das Ge=
setz, als eine Strafe verordnet, von der=
jenigen verschieden ist, welche die Ge=
sellschaft mit verschiedenen Handlungen
verbindet; so wird man entweder das
Gesetz nicht mehr achten, oder die an=
genommene Begriffe von Moral und
Redlichkeit werden nach und nach in
den Gemüthern verlöschen, alles Pre=
digens der Sittenlehrer ungeachtet,
welches gegen die Macht des Beyspiels
jederzeit zu schwach ist. Wenn man
gleichgültige Handlungen für unehrlich
erkläret; so bringt man es dahin, daß
man

man auch solche Handlungen nicht für
unehrlich halten wird, bey welchen doch
der Gesellschaft daran gelegen ist, daß
sie darfur gehalten werden.

Man muß sich wohl in Acht nehmen, daß man die Schwärmerey nicht
mit körperlichen und schmerzhaften
Strafen belege, ein Verbrechen, welches sich auf Stolz gründet, und sich
den Schmerzen selbst zum Ruhm an-
rechnen, und Nahrung daher nehmen
würde. Gegen Schwärmer muß man sich
nur der Strafe der Unehrlichkeit bedienen, und sie lächerlich zu machen suchen;
weil auf diese Weise ihr Stolz durch den
Stolz der Zuschauer gedemüthiget wird.
Man kann leicht abnehmen, von wie
vieler Wirkung die Strafen seyn werden, wenn man erwäget, das die Wahrheit selbst alle Mühe zur ihrer Vertheidigung anwenden muß, wenn der Irrthum sich der Waffen des lächerlichen
gegen sie bedienen kann. Wenn ein kluger Gesetzgeber auf diese Weise sich gegen Waffen mit Waffen von eben der
Art vertheidigt, und Meynungen mit
Meynungen bestreitet; so wird er die
Ve-

Bewunderung vertreiben, die das Volk
für falsche Lehren hegt, deren ursprüng=
liche Ungereimtheit mit einigen Wahr=
heiten, womit man sie verbindet, ver=
hüllet wird.

Die Strafe der Unehrlichkeit muß
man nicht gar zu häufig ausüben, weil
der gar zu häufige Gebrauch der Ge=
walt des Vorurtheiles eben diese Ge=
walt des Vorurtheils schwächet. Es
muß auch die Unehrlichkeit nicht gar zu
viele Personen auf einmal treffen, weil
die Unehrlichkeit einer grossen Anzahl
bald gänzlich erlischt.

Durch diese Mitteln kann man es
verhindern, daß man die unveränderli=
chen Verhältnisse der Dinge nicht mit=
einander vermenge, und sich der Natur
nicht widersetze, die unaufhörlich wir=
ket, und durch die Grenzen der Zeit in
ihren Wirkungen nicht eingeschränkt ist.
Daher werden auch alle die kleinen Ver=
ordnungen, die sich von den vorgeschrie=
benen Gesetzen entfernen, umgestossen
und vernichtet werden. Die Nachah=
mung der Natur ist nicht allein in den
schönen Künsten ein Grundsatz; die
Staats=

Staatskunst selbst , wenigstens die
wahre und dauerhafte , ist eben diesem
Gesetze unterworfen ; weil sie nichts
anders ist, als eine Kunst, die natürlichen und unveränderlichen Gesinnungen des Menschen auf einen einzigen
Zweck zu lenken.

§. XIX.

Daß die Strafe dem Laster auf den Fuß folgen , daß sie zu den Ver- brechen angemässen, und öffent- lich vollzogen werden solle.

Je beschleunigter eine Strafe ist , und
je eher sie auf das begangene Verbrechen folget , desto gerechter und
nützlicher wird sie seyn. Ich sage gerechter , weil sie dem Missethäter die
unnützlichen und grausamen Peinen der
Ungewißheit ersparet , welche theils
durch die Kraft der Einbildung, theils
durch die Empfindung der eigenen
Schwachheit immer anwachsen. Ich

I   sage

sage gerechter, weil die Beraubung der
Freyheit, da sie eine Strafe ist, vor
der Verurtheilung, nur in so weit es
die Nothwendigkeit erfordert, jemanden auferleget werden kann. Der Kerker ist deswegen nur ein bloser Ver-
wahrungs Ort eines Bürgers, bis
man ihn als Schuldigen verurtheilet,
und diese Verwahrung, da sie ihrer
Wesenheit nach schmerzhaft ist, muß so
kurze Zeit dauren, und so wenig hart
seyn, als es möglich ist. Diese mög-
lichste Abkürzung der Zeit erhält ihre
Bestimmung nach dem Grade der
nothwendigen Dauer, innerhalb welcher der Proceß geführt wird, und
nach der Zeitrechnung, kraft welcher
der eher Eingekerkerte auch ehender
vorgenommen und verurtheilet werden
sollte. Die Verschliessung in dem Kerker findet in so weit Platz, als sie
nothwendig ist, entweder die Flucht zu
verhindern, oder vorzukommen, daß
die Proben eines Verbrechens nicht
vereitelt werden. Der Proceß selbst
muß in der möglichst kürzesten Zeit ge-
endiget werden. Welch ein grausamer
Ab-

Abstand zwischen der Nachläßigkeit eines Richters und den Aengsten des Angeklagten? die Bequemlichkeit und die Vergnügungen einer unempfindlichen Obrigkeit von einer Seite, und von der andern die Thränen und der Greuel eines schmachtenden Gefangenen? überhaupt muß die Schärfe der Strafen, als die Folge eines Verbrechens den größten Nachdruck auf andere machen, und so wenig, als es möglich ist, für den Leidenden hart seyn. Nie kann man eine bürgerliche Gesellschaft für rechtmäßig erkennen, wo man nicht für einen unfehlbaren Grundsatz hält, daß die Menschen sich nur den kleinsten möglichsten Uebeln haben unterwerfen wollen.

Ich habe gesagt, daß die Beschleunigung der Strafen weit nützlicher sey; denn je kleiner der Zwischenraum der Zeit ist, der zwischen der Strafe und der Missethat verlauft, desto stärker und dauerhafter werden in dem Gemüthe der Menschen die zween Begriffe, von Verbrechen und Strafen zusammen gesetzt, so, daß man auf

J 2   eine

eine unmerkliche　　　　　18 eine als
Ursach, und da　　　　　als e
we ige und　　　　　he
trachtet.　E　　　　　n,
Verbindung　　　　　, j(
sey, welche i　　　　　des mensch=
lichen Verstandes zusammenhä ,
ohne welcher das Vergnügen und
Schmerzen getrennte　　　in un
same Empfindungen　　vurden.
　　　　er Pöbel, da:　　eine Art
Menschen die nicht　　hn(
eine Sache unter einem a
Begriffe vorzustellen, richtet
　　　Handlungen　　nach den unmit=
telbaren und nächsten　　　　gen,
　　mmert sich aber um　　　ckelte
und entfernte Ge　stände
diese rühren nur　he Leute,　u
das entfernte mit Fleiß
oder　　　durch die A
res　　　bereits eine
worl　　en, mit einer
fertige Blicke　e Ge
　　　　übersehen　u
　　　, die　　ste
nigstens ge　liche Entf

faſſen. Dahero iſt es höchſt wichtig
daß das Verbrechen, und die Strafe
nahe bey einander ſind, wenn man den
Endzweck erreichen will, daß in den
rohen, pöbelhaften Gemüthern bey
dem verführeriſchen Bilde eines dergleichen ſehr anlockenden Verbrechens
zugleich unmittelbar der damit verbun-
dene Begrif der Strafe erwecket werde.
Eine lange Verweilung bringet keine
andere Wirkung hervor, als daß dieſe
zween Begriffe immer mehr und mehr
auseinander getrennet werden, und ſo
ſtarken Eindruck auch die Beſtrafung
eines Verbrechens macht, ſo entſtehet
doch dieſer Eindruck mehr von daher,
weil alsdann die Beſtrafung als ein
Schauſpiel, nicht aber als eine Beſtrafung angeſehen wird; und auch dieſes
geſchieht erſt alsdann, wenn ſchon in
Gemüthern der Zuſchauer der Abſcheu
vor einem dergleichen beſondern Verbrechen geſchwächet worden, welcher
Abſcheu doch die Empfindung der
Strafe rege zu machen ſehr geſchickt
wäre.

Noch ein anderer Grundſatz läßt
ſich anführen, der die enge Verbindung der Strafe mit den Verbrechen
anrathet, nämlich, daß die Strafe,
ſo viel als möglich der Natur des Verbrechens angemeſſen ſeye: das iſt, daß
die Strafe dem Geiſt etwas ganz wi-
driges bedrohe, als die verführeriſche
Anlockung des Laſters dem Laſterhaften
dargebothen hat. Dieſes wird das
Abſcheuen gegen die Laſter wunderlich
vermehren, und den Stritt beleben,
der zwiſchen der Anlockung des Laſters,
und der abſchreckenden Bedrohung der
Strafe entſteht. Bey manchen Nationen pflegt man jene welche geringe Laſter begangen haben entweder mit einer
Gefängniß zu ſtrafen, oder man ſchiebt
einen ſolchen Miſſethäter als Sklaven
in ein auswärtiges Land ins Elend.
In beyden Fällen iſt die Abſicht der
Strafen für die Länder, wo das Laſter
begangen worden, gänzlich verlohren,
weil man beſonders im letztern Falle
den Miſſethäter in jene bürgerliche Geſellſchaften verſchickt um allda ein Beyſpiel einer Beſtrafung abzugeben, wo
er

er nichts verbrochen hat. Diese beyde
Gewohnheiten sind übel: denn eine auf
sehr grosse Lastern verhängte Strafe
wird jene Menschen von Begehung solcher Laster nicht abschrecken, die sich
vielmehr aus Unbedachtsamkeit, und
nur aus der Heftigkeit der Leidenschaften entstehenden Uebereilung zum
Ueblen entschliessen. Die meisten werden bey Entschliessungen zum Lastern
denken, daß es bey diesen Umständen
etwas ausserordentliches oder was un-
mögliches wäre in solche Strafen zu
verfallen. Man muß nur die auf kleinere Verbrechen verhängte Strafen
öffentlich vollziehen, dadurch warnet
man die übrige am leichtesten. Je ge-
genwärtiger und lebhafter diese Vorstellung der Bestrafung der Seele ist,
desto heilsameren Eindruck wird diese
Strafe machen, und man wird durch
diese Warnung und Abscheuen gegen
geringes Verbrechen, auch die grössere
vorhütteter sehen.

J 4 §. XX.

§. XX.

Daß die Strafe gewiß nd vermeidlich seyn lle.

Dann

Von der Begnädigung.

Eine der größten Bezähmungen
Verbrechen ist nicht die Grausam=
keit der Strafen, sondern die Unaus=
bleiblichkeit derselben, folglic   e
wachsame Aufsicht t   D   ,
und jene unerbitliche Strenge ------
Richters, die, wenn sie ein
Tugend seyn soll, mit ein
Gesetz   ng verbunden
Gewi   einer, auch g
strafung, wird allezeit einen grö
Ei druck machen, als die Furcht --- ------
weit grössern Strafe, we   ab
Hofnung daß man einer   chel
wird   können, verbu
D r   geringsten ebel
sie gewiß nd,   reck jede
menschliche Ge   u d die
(dieses himmlische Geschenk,

bey uns Menschen öftermals die Stelle
aller übrigen Glücksgüter vertritt,)
stellet uns die größten Uebel nicht selten
in einer Entfernung vor; absonderlich,
wenn Beyspiele der Straflosigkeit,
welche man von dem Geize und den
schwachen Leidenschaften eines Richters
gar oft erhalten kann, ihre Kraft ver=
mehret. Einige sprechen jemand von
der Strafe eines geringern Verbrechens
loß, wenn der beleidigte Theil ihm ver=
zeiht; allein eine solche Handlung ist
wohl der Gutthätigkeit und der
Menschlichkeit gemäß, dem gemeinen
Besten aber höchst schädlich; denn ein
Privatbürger kann wohl die Beleidi=
gung, so ihn allein berührt, niemals
hingegen jene Nothwendigkeit des schul=
digen Beyspieles, mittelst seiner Nach=
sicht, aufheben. Das Recht zu bestra=
fen hängt nicht von einem einzigen,
sondern von allen Bürgern zusammen,
oder von der obersten Gewalt ab. Ein
Bürger allein kann wohl seinem An=
theile an diesem Rechte entsagen, aber
die Antheile seiner Mitbürger nicht
vereiteln. In eben dem Verhältnisse,

I 5   als

als die Strafen gelindert werden, ver=
mindert sich zugleich die Nothwendig=
keit, jemand wegen seiner Verbrechen
Gnade und Nachsicht wiederfahren zu
lassen. O wie glückselig würden jene
Staaten seyn, in welchen es so gar schäd=
lich wäre, Verbrechen zu begnädigen.

Die Sanftmuth und Mildthätig=
keit, die manchmal bey Regenten die
thronmäßige Fähigkeiten verschönern,
sollten von einer Gesetzgebung gänzlich
hinweg bleiben, wo nebst Vermeidung
anderer Fehler, die die Gesetze unvoll=
kommen machen, auch die Strafen ge=
lind sind. Diese Wahrheit wird viel=
leicht gar zu hart jenen vorkommen,
die unter einer noch mangelhaften Ge=
setzgebung leben, in welcher die Ver=
schonung und die Begnädigungen nach
eben dem Verhältnisse desto nothwendi=
ger werden, je grausamer die Strafen,
und je ungereimter die Gesetze sind.
Das Recht, Gnad angedeyen zu las=
sen, ist eines der schönsten Vorrechte
des Throns: es ist aber dieses den gut=
thätigen Vertheilern der öffentlichen
Glückseligkeit zugestandene Recht zu=
gleich)

gleich eine stillschweigende Mißbilligung
der Geseße selbst. Die Mildthätigkeit ist
eine Tugend des Gesetzgebers nicht
aber des Vollstreckers der Geseße ; sie
soll aus dem Gesetzbuch selbst, nicht
aber aus besonderen Urtheilsprüchen
hervorscheinen. Giebt man den Menschen Beyspiele, daß Verbrechen verschonet werden, und daß die Strafe
nicht allezeit als eine nothwendige Folge ihnen auf dem Fuß nachgehet, so ist
es eben so viel, als wollte man den
Missethätern die Hofnung, der Strafe
zu entgehen, einflössen, oder auch den
Glauben beybringen, daß die Bestrafung jener, so nicht verschonet, keine
Handlungen der Gerechtigkeit, sondern gewaltthätige Unterdrückungen
der Uebermacht seye. Wenn ein Regent Gnade ertheilt, so giebt er die
öffentliche Sicherheit in die Hände eines besondern Bürgers, und die besondere Begnädigung, die ihm eine blinde
Güte einrathet, wirkt eben so viel, als
ob er eine allgemeine Nichtbestrafung
hätte verkündigen lassen. Die Vollstrecker der Strafe müssen unerbittlich,
der

der Gesetzgeber aber nachsehend und
menschlich seyn. Als ein geschickter
Baumeister muß der letztere das Ge-
bäude der öffentlichen Glückseligkeit auf
die Grundfeste jener Eigenliebe aufführen, die jeder für sein eignes Wohl be-
sitzt; er muß das allgemeine Beste aus
dem Zusammenflusse der besondern Vortheile eines jeden herauszuziehen wissen.
Nichts wird ihn alsdann zwingen können, mittelst besonderer Gesetze und
nicht wohl überdachter Hülfsmittel,
das Beste der ganzen Gesellschaft von
dem Besten der besondern Bürger abzu-
sondern, und die öffentliche Wohlfart
auf Furcht und Mißtrauen zu gründen.
Ein solcher Gesetzgeber wird als ein
Einsichtsvoller Weltweiser die Menschen, seine Brüder, in Ruhe und
Frieden jenes geringen Antheils der
Glückseligkeit geniessen lassen, dessen sie
in den unermeßlichen von der Vorsicht
erschaffenen Weltgebäude, dessen die
Erde gleichsam nur ein Punkt ist, fähig
sind.

§. XXI.

Von Zufluchtsörtern oder Frey-
stätten.

Hier kommt eine Frage zu untersuchen: ob die Freystätte gerecht, und ob der Vertrag zwischen zwoen Nationen, die Missethäter gegeneinander auszuwechseln, nützlich sey, oder nicht? Innerhalb den Gränzen eines Landes darf kein einziger Ort von den Gesetzen unabhängig seyn. Die Macht der Gesetze muß so beschaffen seyn, daß dieselbe allenthalben jedem Bürger, so, wie der Schatten seinem Körper, immer auf dem Fuße folge. Die Straflosigkeit, und die Freystätte sind nur nach dem Grade des mehrern oder mindern von einander unterschieden, die Straflosigkeit entkräftet nur die Gesetze, und machet sie unwirksam, die Freystätte oder die Zufluchtsörter locken sogar zum Verbrechen an. Je mehrere Zufluchtsörter zugelassen werden, desto mehrere unabhängige kleinere Staaten wer=

werden dadurch in dem groſſen Haupt-
ſtaate zu deſſen Nachtheil entſtehen.
Denn ſo bald in einem Staate die ächte
und allgemeine Geſetze ihre Kraft verlohren haben : werden ſich tauſend widrige Aftergeſetze einſchleichen , und
endlich wird nach und nach ein dem allgemeinen Geiſte der bürgerlichen Geſellſchaft entgegen geſetzter Geiſt der
Partheiligkeit gebildet werden. Die
Geſchichte aller Zeiten können uns deſſen überzeugen, was für ſeltene Verän-
derungen die Freyſtätte in den politiſchen Verfaſſungen und in der Denkungsart der Menſchen hervorzubringen
fähig ſind.

Es haben einige behauptet, daß
ein Verbrechen, das iſt, eine den Geſetzen zuwiderlaufende Handlung, in
was immer für einem Ort ſolche auch
begangen wird, auch anderwärts könne
geſtrafet werden: gleichſam als wenn
das Kennzeichen eines Unterthanen
unauslöſchlich, als wenn der Namen
eines Bürgers mit dem Namen eines
Sklaven gleichbedeutend, ja noch är-
ger wäre: als wenn es möglich ſeyn
könnte,

könnte, unter einem andern Staate zu
wohnen, und wiederum einem andern
unterthänig zu seyn; und als wenn es
ohne Widerspruch geschehen könnte,
daß die Handlungen des nämlichen
Menschen durch zween verschiedene Gesetzgeber, und zwey einander wider-
sprechende Gesetzbücher geleitet werden
könnten. Eben auf solche Art halten
auch einige dafür, daß eine grausame
Handlung, die zum Beyspiel zu Con-
stantinopel begangen worden, zu Paris
könne bestrafet werden; aus dieser her-
beygezogener Ursach, daß jener der die
Menschlichkeit beleidiget, auch die
ganze Menschlichkeit zum Feinde zu haben, und den allgemeinen Fluch verdiente: gleichsam als wenn die Richter schlechterdings Empfindungen der
Menschen, und nicht vielmehr Verträge,
wodurch die Menschen sich untereinander verbunden haben, zu rächen hätten.
Der Ort des Verbrechens ist der Ort
der Strafe. Denn nur allda sind die
Menschen gezwungen, einem einzigen
aus ihnen den Schutz zu versagen, um
solchen der ganzen bürgerlichen Gesellschaft

schaft nicht entziehen zu lassen. Ein
lasterhafter Mensch, der die Verträge
einer bürgerlichen Gesellschaft, wovon
er ein Mitglied war, gebrochen hat,
sollte auch von einem fremden Staate
gefürchtet, und deswegen von der ge-
setzgebenden Gewalt daraus verbannet
und ausgeschlossen werden. Allein die
Gesetze, so nur die Verletzung der politischen Grundgesetze und nicht die
sittliche Bosheit der menschlichen
Handlungen rächen sollen, können einen solchen Bösewicht niemals eigentlich
bestrafen.

Ob aber eine wechselseitige Auslie-
ferung zwischen den Völkern nützlich
wäre, ist noch zu untersuchen. Man
muß es gestehen, daß kein wirksameres
Mittel den Verbrechen vorzubeugen
seyn würde, als eine allgemeine Ver-
sicherung, daß künftig auf der ganzen
Erden kein Ort seye, wo die Lastern
unbestraft bleiben könnten. Unterdessen
kann ich den Gebrauch sich wechselseitig
die Verbrecher auszuliefern nicht billigen, bevor nicht die, mehr nach den
täglichen Bedürfnissen und den Rechten
der

der Menschlichkeit eingerichtete Gesetze
die Strafen nicht mäßigen, bevor
nicht nach Einschränkung der willkürlichen Macht und Gewalt des Vorurtheils der bishero verhaßten Tugend
und unterdruckten Unschuld nicht eine
gänzliche Sicherheit verschaffet wird,
bevor nicht die in ungeheuren Einöden
des Orients verschobene Asiatische Tyrannen über Europa der allgemeinen
Vernunft, die die Vortheile der Regenten mit Vortheilen der Unterthanen
immer mehr und mehr verbindet, nicht
die Herrschaft gänzlich überläßt.

§. XXII.

Von dem Gebrauche eines Preis
auf den Kopf zu setzen.

Eine eben Untersuchungswürdige Frage ist diese: ob es nützlich sey, einen
Preis auf den Kopf eines Menschen,
der als schuldig erkannt worden, zu
setzen, und gleichsam aus einem jeden
Bürger, dessen Arm die Gesetze auf
solche Weise bewafnen, einen Henker

K   zu

zu machen? Entweder iſt der Schuldige auſſerhalb der Landesgränzen,
oder innerhalb derſelben : im erſten
Falle reizet der Regent ſelbſt die Bürger an, ein Verbrechen zu begehen,
und ſetzet ſie der Gefahr der Beſtrafung aus, da ſie auf ſolche Art einer
andern Landesherrſchaft ein Unbill zufügen, durch Anmaſſung der höchſten
Obergewalt in einem fremden Lande ;
zugleich aber berechtiget er auch die beleidigte Macht, ſich der Wiedervergeltung
zu gebrauchen. Im zweyten Falle aber
verräth man ſeine eigene Schwäche.
Wer genugſame Kräften hat, ſich zu
beſchützen, der ſuchet ſie nicht erſt zu
erwerben. Noch mehr, ein dergleichen
öffentliches Gebott verkehret alle Begriffe der Sittlichkeit und Tugend,
welche ohne dieß in dem menſchlichen
Gemüthe wanken. Bald reizen dergleichen Geſetze zum Meuchelmord,
bald ſtrafen ſie ihn. Mit einer Hand
knüpfet ein ſolcher Geſetzgeber die
Bande der Familie, der Anverwand-
ſchaft, der Freundſchaft ; mit der andern belohnet er denjenigen, der ſie
bricht

bricht und zertrennet. Immer im
Widerspruche mit sich selbst sucht er
bald mißtrauerischen Gemüthern der
Menschen Vertrauen einzuflössen; bald
aber streuet er selbst den Saamen des
Mißtrauens in alle Herzen aus. Anstatt einem einzigen Verbrechen zuvorzukommen, verursachet er, daß hundert andere entstehen. Dieser wenig-
tauglicher Hülfsmitteln bedienen sich
nur schwache Nationen, deren Gesetze
nichts als ein elendes Flickwerk eines
von allen Seiten her den gänzlichen
Einsturz bedrohenden Staatsgebäu-
des sind. Je mehr sich eine Nation auf-
kläret, desto nöthiger wird ihr ein ge-
genseitiges Vertrauen nebst Treue und
Glauben seyn, welche alsdann immer
mehr und mehr mit der wahren
Staatskunst sich zu vereinigen trachten:
die Kunstgriffe, die hinterlistigen Zu-
sammenschwörungen, die dunkeln und
durch allerhand Abwege sich drehende
Umtriebe werden meistentheils vorher-
gesehen, und das allgemeine Beste ist
immer mehr bewahret, als das besondere, und kann allemal leichter gegen

den

den Anfall des besondern Bestens Wi=
derstand leisten. Die Zeiten der Un=
wissenheit selbsten, in welchen die öf=
fentliche Sittenlehre die Menschen an
das Joch einzelner Meynungen gewöh=
net, könnten den aufgeklärten Zeiten
Unterricht und Erfahrung mittheilen.
Allein die Gesetze, welche Verräthe=
reyen belohnen, und durch Ausstreuung
eines gegenseitigen Verdachts unter
den Bürgern einen heimlichen Krieg
erregen, sind jener so nothwendigen
Vereinigung der Sittenlehre mit der
Staatskunst schnurstracks entgegen ge=
setzt, welcher Vereinigung die Men=
schen ihre Glückseligkeit, die verschiede=
nen Völker den Frieden, und die ganze
Welt eine etwas längere Zwischenzeit
des Ruhestands und Erholung von den
Uebeln, die auf desselben Umkreise
herumwandeln, zu verdanken haben
würden.

§. XXIII.

§. XXIII.
Vom Verhältniß der Strafe zu
dem Verbrechen.

Die allgemeine Wohlfart erfordert nicht nur allein, daß gar keine Verbrechen in einem Staate begangen werden, sondern auch, daß diejenigen seltener begangen, die mehr Uebel der menschlichen Gesellschaft zufügen; dashero müssen die Hindernissen, welche die Menschen von den Verbrechen abhalten in eben der Maaß stärker seyn, als selbe mehr oder weniger dem gemeinen Besten zuwider laufen, und je anlockender die Laster, und die zum Laster einladende Beweggründe sind, desto abschreckender müssen auch die Strafen seyn. Das Verhältniß also der Strafen zu den Lastern muß beobachtet werden.

Das Vergnügen und der Schmerzen sind bey empfindenden Wesen die Triebfeder aller Handlungen. Unter die Beweggründe, welche die

K 3   Men-

Menſchen ſelbſt nach der Ordnung der
Religion zu Handlungen beſtimmen,
hat der höchſte Geſetzgeber die Strafen
und Belohnungen geſetzet. Wenn zwey
Verbrechen, deren eines der Geſell=
ſchaft einen weit gröſſeren Schaden zu=
füget, auf gleiche Weiſe beſtrafet wer=
den, ſo werden die Menſchen, da ſie
bey Begehung gröſſerer Laſter eben
nicht mehr zu befürchten haben, als
bey geringen Laſtern, ſich zu ſchweren
Laſtern eben ſo leicht, als zu den ge=
ringen entſchlieſſen. Die ungleiche Aus=
theilung der Strafen wird dieſen ſo oft
vorkommenden und dennoch ſehr ſelten
bemerkten Widerſpruch hervorbringen:
nämlich, die Geſetze werden jene La=
ſtern beſtrafen müſſen, wozu ſie ſelbſt
zum Theil Anlaß gegeben haben.

Wenn man denjenigen, der einen
Hirſchen oder einen Phaſan tödtet ei=
nerley Strafe mit demjenigen zuerken=
net, der einen Menſchen umbringt,
oder eine wichtige Schrift verfälſchet;
ſo wird man zwiſchen dieſen beyden
Verbrechen in kurzer Zeit keinen Unter=
ſchied weiter machen. Auf dieſe Weiſe
ver=

vernichtet man im menschlichen Herzen
die moralischen Gesinnungen, dieß
Werk vieler Jahrhunderte, worzu
durch so viel Blut der Grund geleget,
das so langsam und mit so vieler Mühe
aufgeführet worden, und welches man
ohne Beyhülfe der erhabensten Beweggründe, und Veranstaltung der ernst-
lichen Formalitäten nicht aufführen zu
können glaubte.

Bey der allgemeinen Gährung der
menschlichen Leidenschaften ist es unmöglich, allen Unordnungen zuvor zu
kommen; sie wachsen nach dem zusam-
mengesetzten Verhältniß der Bevölkerung und der gegeneinander laufenden
besondern Vortheile der einzelnen Menschen: eine geometrische Richtschnur ist
hierbey unmöglich, nach welcher man
sie zur allgemeinen Wohlfart einleiten
könnte, man muß in der politischen
Rechenkunst anstatt der mathematischen
Pünktlichkeit den Maaßstab der Wahrscheinlichkeit anwenden. Die Geschichte
belehret uns, daß die Unordnungen
und Lastern mit der Erweiterung der
Gränzen eines Reichs zugleich anwachsen;

K 4

sen; dahero müssen jene Vergehungen,
welche die allgemeine Wohlfart stärker
zerrütten, mit einer grössern; so wie
die minder wichtigen, mit einer kleinern
Strafe belegt und eingehalten werden.

Die Kraft, welche uns ohne Unterlaß zu unserer eigenen Glückseligkeit
hinreisset, lasset sich, wie die Schwerkraft, durch nichts als durch Hindernisse, die man ihn entgegen setzt, aufhalten; die ganze Reihe menschlicher
Handlungen ist eine Wirkung dieser
moralischen Schwerkraft. Strafen sind
die politische Hindernisse, welche die
Gesetze den Absichten der Handlungen
eines jeden Menschen entgegen setzen:
sie dienen dazu, den gegenseitigen
Stoß des Privatinteresse zu schwächen,
und den höchst schädlichen Wirkungen
desselben vorzubeugen, ohne bey dem
Menschen die Ursache der Bewegung,
das ist die Empfindlichkeit, zu vernichten. Der Gesetzgeber ist ein geschickter
Baumeister, welcher die zerstörende
Kraft der Schwere zu vertheilen, und
alle andere Kräfte, welche zur Erhaltung

tung seines Gebäudes dienen können, zu seinen Nutzen anzuwenden weiß.

Wenn man die Nothwendigkeit, und die Vortheile, die aus der Vereinigung der Menschen fliessen, voraussetzt, wenn man Verträge zwischen ihnen voraussetzt, die aus dem Streite des Privatinteresse mit dem allgemeinen entspringen: so kann man sich eine gewisse Progreßion der Verbrechen ausdenken, unter welcher dasjenige, welches auf die Trennung, und den unmittelbaren Untergang der Gesellschaft abzielt, das größte; und die geringste Beleidigung, die einer einzelnen Person widerfahren kann, das kleinste ist. Zwischen diesen beyden stehen alle dem gemeinen Besten zuwider laufende Handlungen, welche criminell genennt werden, nach einer unmerklich aufsteigenden Reihe von dem ersten bis zu dem letzten.

Könnte man die mathematischen Berechnungen auf die unendlichen und dunkeln Verbindungen der menschlichen Handlungen anwenden; so müßte man eine, mit der Progreßion der Ver-

K 5 bre-

je mehr Schwierigkeiten sich bey ihrer
Einführung und Festsetzung geäussert
haben. Einige Sittenlehrer haben geglaubt die Grösse des Verbrechens
käme auf den übeln Vorsatz und die
Absicht desjenigen an, der das Laster
begehet. Allein selbst diese Absicht
hängt von dem Grade des wirklichen
Eindrucks der Gegenstände, und von
der Fassung ab, in welcher sich die
Seele vorher befande: die Dinge sind
aber bey allen Menschen verschieden und
verändern sich bey jedem eben so schnell
wie die Begriffe aufeinander folgen,
und die Leidenschaften in verschiedenen
Umständen abwechseln. Man müßte
demnach nicht allein ein besonderes Gesetzbuch für jeden Bürger, sondern ein
neues Strafgesetz für jedes Verbrechen
haben. Oefter fügt man der Gesellschaft in der besten Absicht den größten
Schaden zu; und bisweilen erzeiget
man derselben, bey dem stärksten Willen, ihr zu schaden, die wesentlichsten
Dienste.

Andere messen die Grösse eines
Verbrechens vielmehr nach dem Stande
der

der beleidigten Person ab, als nach
den schädlichen Folgen, welche aus
dem Verbrechen für die Gesellschaft
entstehen. Wäre diese Meynung gegründet, so müßte die allergeringste
Unehrerbietigkeit gegen das höchste
Wesen mit mehrerer Grausamkeit bestraft werden, als die Ermordung eines
Monarchen, weil die Beschaffenheit
dieses Verbrechens mit der Erhabenheit
der göttlichen Natur ganz und gar nicht
in Vergleichung kommen kann.

Andere Schriftsteller haben endlich
noch geglaubt, es müßte bey Abmes-
sung des Grades eines Verbrechens
mit in Betrachtung kommen, wie sehr
GOtt dadurch beleidigt werde, und
wie schwer die Sünde sey. Den Un-
grund dieser Meynung wird derjenige
im ganzen Zusammenhange einsehen,
welcher die wahren Verhältnisse unter-
sucht, die zwischen Menschen und Menschen an einer Seite, und an der andern
zwischen GOtt und Menschen sind.

Die Verhältnisse der Menschen
unter einander sind Verhältnisse der
Gleichheit. Die einzige Nothwendigkeit

Jedwede Handlung, die nicht unter einer dieser Klassen begriffen ist, kann keineswegs als ein Verbrechen angesehen, und als ein solches bestrafet werden, außer nur von denjenigen, denen daran liegt, sie als ein Verbrechen anzusehen. Eben deswegen, weil man diese Gränzen nicht zu bestimmen wußte, siehet man bey allen Völkern eine Moral, die mit der Gesetzverfassung streitet; verschiedene Gesetze, die einander widersprechen; und andere, welche rechtschaffene Leute den strengsten Strafen unterwerfen. Daher sind die Namen der Tugend und des Lasters vermengt, und veränderlich, daß Daseyn des Bürgers ist ungewiß geworden, und alle diese Ursachen haben nach und nach in den Staatskörpern zu einer unglücklichen Schlafsucht Anlaß gegeben, wodurch manche Staaten zuletzt ins Verderben gerathen sind.

Die Meynung, daß jedem Bürger alles, was den Gesetzen nicht zuwider ist, erlaubt seye, ohne deswegen andre Ungelegenheiten zu befürchten, als solche, die nothwendige Folgen seiner Hand-

Handlung in sich selbst sind; diese Meynung ist ein politischer Lehrsatz, welchen
die Völker glauben, die Magistratspersonen predigen müssen, und welcher der
unparteyischen Aufsicht der Gesetze an-
empfohlen werden sollte; ein geheiligter
Lehrsatz, ohne welchen keine rechtmäßige Gesellschaft seyn kann; ein Recht
des Bürgers, welches eine gerechte
Belohnung des Opfers ist, das er mit
einem Theile seiner Freyheit gemacht
hat, das ist, mit einem Theile der allgemeinen Wirksamkeit über die ganze
Natur, die jedem empfindenden Wesen
zukömt, und mit seiner Macht einerley
Gränzen hat. Diese Meynung bildet
freye und tapfere Seelen, erhabene und
aufgeklärte Geister, sie allein kann dem
Menschen diejenige Tugend einflößen,
die über alle Furcht erhaben den Menschen bewegt, die schwache Klugheit
derjenigen zu verachten, welchen ein
ungewisses und von andern abhangen-
des Daseyn erträglich ist.

Man kann unmöglich die Gesetze,
und Geschichte der Völker mit einem
philosophischen Auge betrachten, ohne

L   da-

daselbst Beyspiele von den Unordnungen zu finden, die aus der Unwissenheit, oder Verachtung dieser Wahrheit
entstanden sind. Man sieht, daß die
Namen des Lasters und der Tugend,
eines guten oder bösen Bürgers, mit
Ablauf der Jahre eine andere Bedeu-
tung bekommen, man sieht daß sich
alles ändere, aber nicht nach Maaß der
Umständen, in welchen sich eine Nation
befindet, weder nach Maaß des allgemeinen Interesse derselben, sondern
nach Maaß der Irrthümer, und verän-
derlicher Leidenschaften der verschiedenen Gesetzgeber. Man sieht gar oft,
daß die Leidenschaften eines Jahrhunderts der Moral der folgenden Jahrhunderte zum Grunde dienen, daß sie
ihre ganze Weisheit, ihre ganze Staatskunst bilden, und daß die heftige Leidenschaften, diese Töchter der Schwärmerey, und des Enthusiasmus, nachdem sie von der Zeit, welche in physikalischen und moralischen Erscheinungen
das Gleichgewicht macht, geschwächet
worden sind, nach und nach in ge-
schickten und mächtigen Händen ein
nütz-

nützliches Werkzeug werden. Auf diese
Weise sind in der Welt die dunkeln Begriffe von Ehre und Tugend entstanden;
und sie werden sich immer in dieser
Dunkelheit erhalten, weil sie mit der
Zeit, die von den Sachen nur die Namen erhält, abwechseln, und sich mit
den Gränzen der Staaten ändern, die
sowol in moralischen, als physikalischen
Verstande von Flüssen und Bergen,
welche den Völkern zu Gränzfestun-
gen dienen, eingeschlossen sind.

§. XXVI.

Von Verbrechen der beleidigten Majestät.

Verbrechen, die ohne Umschweif, und
unmittelbar auf den Untergang der
Gesellschaft, und derjenigen, von welchen sie vorgestellet wird, abzielen und
am allergrößten sind, weil sie der Gesellschaft mit höchster Gefahr drohen,
heissen Verbrechen der beleidigten Majestät.

jeſtät. Tyranney und Unwiſſenheit
allein, welche oft die klärſten Benen-
nungen, und Begriffe miteinander verwirren, haben Verbrechen von ganz
unterſchiedener Natur dieſen Namen
beygelegt, und bey dieſer Gelegenheit,
wie bey vielen andern, die Menſchen zu
Schlachtopfern eines Ausdrucks gemacht. Jedwedes Verbrechen ſchadet
der Geſellſchaft; aber nicht jedwedes
Verbrechen zielt auf den Untergang
derſelben. Die Sphäre der Wirkſamkeit iſt bey moraliſchen Handlungen ſowohl, als bey phyſikaliſchen, auf verſchie-
dene Art, durch Zeit und Ort, ſo wie
alle Bewegungen in der Natur beſtimmet und eingeſchränkt. Nur eine ſophiſtiſche Auslegungskunſt, dieſe Phi-
loſophie der Sklaven kann ſichs einfallen laſſen, Dinge miteinander zu vermiſchen, welche die ewige Wahrheit
durch unveränderliche Gränzen von
einander getrennet hat.

§. XXVII.

§. XXVII.

Von Verbrechen der Privatsicherheit und von Gewaltthätigkeiten.

Nach der ersten Art von Verbrechen folgen diejenigen, welche die Sicherheit der Privatpersonen angreifen. Da nun die persönliche Privatsicherheit ein geheiligtes Recht eines jeden Bürgers und der Endzweck aller rechtmäßigen Staaten ist, so müssen alle diejenigen, welche sich unterfangen dieses geheiligte Recht zu verletzen, nach Vorschrift der Gesetze aufs schärfeste bestrafet werden.

Unter diesen Verbrechen greifen einige die Person selbst, andere die Ehre, und andere endlich die Güter an. Die ersten, wovon wir sogleich reden wollen, müssen unstreitig mit Leibesstrafen beleget werden.

Die Unternehmungen gegen das Leben, und die Freyheit der Bürger gehören zu den schwersten Verbrechen, und in dieser Klasse stehen nicht nur allein

den Anfall des besondern Bestens Wi=
derstand leisten. Die Zeiten der Un=
wissenheit selbsten, in welchen die öf=
fentliche Sittenlehre die Menschen an
das Joch einzelner Meynungen gewöh=
net, könnten den aufgeklärten Zeiten
Unterricht und Erfahrung mittheilen.
Allein die Gesetze, welche Verräthe=
reyen belohnen, und durch Ausstreuung
eines gegenseitigen Verdachts unter
den Bürgern einen heimlichen Krieg
erregen, sind jener so nothwendigen
Vereinigung der Sittenlehre mit der
Staatskunst schnurstracks entgegen ge=
setzt, welcher Vereinigung die Men=
schen ihre Glückseligkeit, die verschiede=
nen Völker den Frieden, und die ganze
Welt eine etwas längere Zwischenzeit
des Ruhestands und Erholung von den
Uebeln, die auf desselben Umkreise
herumwandeln, zu verdanken haben
würden.

§. XXIII.

§. XXIII.

Vom Verhältniß der Strafe zu dem Verbrechen.

Die allgemeine Wohlfart erfordert nicht nur allein, daß gar keine Verbrechen in einem Staate begangen werden, sondern auch, daß diejenigen seltener begangen, die mehr Uebel der menschlichen Gesellschaft zufügen; dahero müssen die Hindernissen, welche die Menschen von den Verbrechen abhalten in eben der Maaß stärker seyn, als selbe mehr oder weniger dem gemeinen Besten zuwider laufen, und je anlockender die Laster, und die zum Laster einladende Beweggründe sind, desto abschreckender müssen auch die Strafen seyn. Das Verhältniß also der Strafen zu den Lastern muß beobachtet werden.

Das Vergnügen und der Schmerzen sind bey empfindenden Wesen die Triebfeder aller Handlungen. Unter die Beweggründe, welche die

K 3 　　　　Men-

Menſchen ſelbſt nach der Ordnung der
Religion zu Handlungen beſtimmen,
hat der höchſte Geſetzgeber die Strafen
und Belohnungen geſetzet. Wenn zwey
Verbrechen, deren eines der Geſellſchaft einen weit gröſſeren Schaden zufüget, auf gleiche Weiſe beſtrafet werden, ſo werden die Menſchen, da ſie
bey Begehung gröſſerer Laſter eben
nicht mehr zu befürchten haben, als
bey geringen Laſtern, ſich zu ſchweren
Laſtern eben ſo leicht, als zu den geringen entſchlieſſen. Die ungleiche Aus-
theilung der Strafen wird dieſen ſo oft
vorkommenden und dennoch ſehr ſelten
bemerkten Widerſpruch hervorbringen:
nämlich, die Geſetze werden jene Laſtern beſtrafen müſſen, wozu ſie ſelbſt
zum Theil Anlaß gegeben haben.

Wenn man denjenigen, der einen
Hirſchen oder einen Phaſan tödtet einerley Strafe mit demjenigen zuerken-
net, der einen Menſchen umbringt,
oder eine wichtige Schrift verfälſchet;
ſo wird man zwiſchen dieſen beyden
Verbrechen in kurzer Zeit keinen Unterſchied weiter machen. Auf dieſe Weiſe
ver-

vernichtet man im menschlichen Herzen
die moralischen Gesinnungen, dieß
Werk vieler Jahrhunderte, worzu
durch so viel Blut der Grund geleget,
das so langsam und mit so vieler Mühe
aufgeführet worden, und welches man
ohne Beyhülfe der erhabensten Beweggründe, und Veranstaltung der ernst-
lichen Formalitäten nicht aufführen zu
können glaubte.

Bey der allgemeinen Gährung der
menschlichen Leidenschaften ist es unmöglich, allen Unordnungen zuvor zu
kommen; sie wachsen nach dem zusam-
mengesetzten Verhältniß der Bevölkerung und der gegeneinander laufenden
besondern Vortheile der einzelnen Menschen: eine geometrische Richtschnur ist
hierbey unmöglich, nach welcher man
sie zur allgemeinen Wohlfart einleiten
könnte, man muß in der politischen
Rechenkunst anstatt der mathematischen
Pünktlichkeit den Maaßstab der Wahrscheinlichkeit anwenden. Die Geschichte
belehret uns, daß die Unordnungen
und Lastern mit der Erweiterung der
Gränzen eines Reichs zugleich anwachsen;

sen; dahero müssen jene Vergehungen,
welche die allgemeine Wohlfart stärker
zerrütten, mit einer grössern; so wie
die minder wichtigen, mit einer kleinern
Strafe belegt und eingehalten werden.

Die Kraft, welche uns ohne Un=
terlaß zu unserer eigenen Glückseligkeit
hinreisset, lasset sich, wie die Schwer=
kraft, durch nichts als durch Hinder=
nisse, die man ihn entgegen setzt, auf=
halten; die ganze Reihe menschlicher
Handlungen ist eine Wirkung dieser
moralischen Schwerkraft. Strafen sind
die politische Hindernisse, welche die
Gesetze den Absichten der Handlungen
eines jeden Menschen entgegen setzen:
sie dienen dazu, den gegenseitigen
Stoß des Privatinteresse zu schwächen,
und den höchst schädlichen Wirkungen
desselben vorzubeugen, ohne bey dem
Menschen die Ursache der Bewegung,
das ist die Empfindlichkeit, zu vernich=
ten. Der Gesetzgeber ist ein geschickter
Baumeister, welcher die zerstörende
Kraft der Schwere zu vertheilen, und
alle andere Kräfte, welche zur Erhal=
tung

tung seines Gebäudes dienen können,
zu seinen Nutzen anzuwenden weiß.

Wenn man die Nothwendigkeit,
und die Vortheile, die aus der Vereinigung der Menschen fliessen, voraus
setzt, wenn man Verträge zwischen
ihnen voraussetzt, die aus dem Streite
des Privatinteresse mit dem allgemeinen
entspringen: so kann man sich eine gewisse Progreßion der Verbrechen ausdenken, unter welcher dasjenige, welches auf die Trennung, und den unmittelbaren Untergang der Gesellschaft
abzielt, das größte; und die geringste
Beleidigung, die einer einzelnen Person
widerfahren kann, das kleinste ist.
Zwischen diesen beyden stehen alle dem
gemeinen Besten zuwider laufende
Handlungen, welche criminell genennt
werden, nach einer unmerklich aufsteigenden Reihe von dem ersten bis zu dem
letzten.

Könnte man die mathematischen
Berechnungen auf die unendlichen und
dunkeln Verbindungen der menschlichen
Handlungen anwenden; so müßte man
eine, mit der Progreßion der Ver-

K 5   bre-

brechen, von dem schwersten an, bis
auf das geringste übereinstimmende
Progreßion der Strafen suchen und
festsetzen. Könnte man diese beyde
Progreßionen mit äusserster Richtigkeit
machen, und ausdrücken, so würden
sie ein gemeinschaftlicher Maaßstab der
Grade, der Freyheit und der Tyranney, der Menschlichkeit und Bosheit
jedweder Nation seyn. Allein einem
einsichtsvollen Gesetzgeber ist es genug,
wenn er nur die Ordnung der Grenzen
dieser beyden Progreßionen beybehält,
bey jeder die vornehmsten Eintheilungen
bemerket und nicht Verbrechen vom
ersten Range, mit Strafen von der
niedrigsten Ordnung beleget.

§. XXIV.

Vom Maaßstabe der Ver-
brechen.

Der wahre Maaßstab der Grösse eines
Verbrechens ist der Schaden,
welcher der Gesellschaft daraus entstehet. Dieß ist eine derjenigen Wahr-
heis

heiten, die, ob sie gleich für den mit=
telmäßigen Verstand, bey der gering=
sten Aufmerksamkeit deutlich sind, den=
noch vermöge einer wunderbaren Ver=
bindung der Umstände zu allen Zeiten,
und bey allen Völkern nur von einer
geringern Anzahl denkender Köpfe mit
Ueberzeugung sind erkannt worden.
Die von einer unumschrenkten Macht
ausgebreitete Meynungen, und mit
Gewalt bewafnete Leidenschaften haben
(es mag nun durch ihre heftige Wir=
kung auf die furchtsame Leichtglaubig=
keit, oder durch unmerkliche Eindrücke
geschehen seyn,) die natürlichen Be=
griffe erstickt, auf welche die ersten
Menschen durch die hervorkeimende
Philosophie der Gesellschaften geführet
wurden. Das in unseren Zeiten aufge=
gangene Licht führet uns glücklicher=
weise zu diesen Grundsätzen wieder zu=
rück, und zeiget uns bey einer strengen
Untersuchung durch tausend auf Erfah=
rungen gegründete Beweise ihre desto
grössere Gewißheit, und beweget uns,
daß wir diesen Grundsätzen mit desto
grösserer Standhaftigkeit anhangen,
je

je mehr Schwierigkeiten sich bey ihrer
Einführung und Festsetzung geäussert
haben. Einige Sittenlehrer haben geglaubt die Grösse des Verbrechens
käme auf den übeln Vorsatz und die
Absicht desjenigen an, der das Laster
begehet. Allein selbst diese Absicht
hängt von dem Grade des wirklichen
Eindrucks der Gegenstände, und von
der Fassung ab, in welcher sich die
Seele vorher befande: die Dinge sind
aber bey allen Menschen verschieden und
verändern sich bey jedem eben so schnell
wie die Begriffe auseinander folgen,
und die Leidenschaften in verschiedenen
Umständen abwechseln. Man müßte
demnach nicht allein ein besonderes Gesetzbuch für jeden Bürger, sondern ein
neues Strafgesetz für jedes Verbrechen
haben. Oefter fügt man der Gesellschaft in der besten Absicht den größten
Schaden zu; und bisweilen erzeiget
man derselben, bey dem stärksten Willen, ihr zu schaden, die wesentlichsten
Dienste.

Andere messen die Grösse eines
Verbrechens vielmehr nach dem Stande
der

der beleidigten Perſon ab, als nach
den ſchädlichen Folgen, welche aus
dem Verbrechen für die Geſellſchaft
entſtehen. Wäre dieſe Meynung gegründet, ſo müßte die allergeringſte
Unehrerbietigkeit gegen das höchſte
Weſen mit mehrerer Grauſamkeit be-
ſtraft werden, als die Ermordung eines
Monarchen, weil die Beſchaffenheit
dieſes Verbrechens mit der Erhabenheit
der göttlichen Natur ganz und gar nicht
in Vergleichung kommen kann.

Andere Schriftſteller haben endlich
noch geglaubt, es müßte bey Abmeſ-
ſung des Grades eines Verbrechens
mit in Betrachtung kommen, wie ſehr
GOtt dadurch beleidigt werde, und
wie ſchwer die Sünde ſey. Den Un-
grund dieſer Meynung wird derjenige
im ganzen Zuſammenhange einſehen,
welcher die wahren Verhältniſſe unterſucht, die zwiſchen Menſchen und Menſchen an einer Seite, und an der andern
zwiſchen GOtt und Menſchen ſind.

Die Verhältniſſe der Menſchen
unter einander ſind Verhältniſſe der
Gleichheit. Die einzige Nothwendigkeit

Jedwede Handlung, die nicht un-
ter einer dieser Klassen begriffen ist, kann
keineswegs als ein Verbrechen angesehen, und als ein solches bestrafet werden, außer nur von denjenigen, denen
daran liegt, sie als ein Verbrechen anzusehen. Eben deswegen, weil man
diese Gränzen nicht zu bestimmen wußte,
siehet man bey allen Völkern eine Moral, die mit der Gesetzverfassung streitet; verschiedene Gesetze, die einander
widersprechen; und andere, welche rechtschaffene Leute den strengsten Strafen
unterwerfen. Daher sind die Namen
der Tugend und des Lasters vermengt,
und veränderlich, daß Daseyn des Bürgers ist ungewiß geworden, und alle
diese Ursachen haben nach und nach in
den Staatskörpern zu einer unglücklichen Schlafsucht Anlaß gegeben, wodurch manche Staaten zuletzt ins Verderben gerathen sind.

Die Meynung, daß jedem Bürger
alles, was den Gesetzen nicht zuwider
ist, erlaubt seye, ohne deswegen andre
Ungelegenheiten zu befürchten, als solche, die nothwendige Folgen seiner
Hand-

Handlung in sich selbst sind; diese Meynung ist ein politischer Lehrsatz, welchen
die Völker glauben, die Magistratspersonen predigen müssen, und welcher der
unparteyischen Aufsicht der Gesetze an-
empfohlen werden sollte; ein geheiligter
Lehrsatz, ohne welchen keine rechtmäßige Gesellschaft seyn kann; ein Recht
des Bürgers, welches eine gerechte
Belohnung des Opfers ist, das er mit
einem Theile seiner Freyheit gemacht
hat, das ist, mit einem Theile der allgemeinen Wirksamkeit über die ganze
Natur, die jedem empfindenden Wesen
zukömt, und mit seiner Macht einerley
Gränzen hat. Diese Meynung bildet
freye und tapfere Seelen, erhabene und
aufgeklärte Geister, sie allein kann dem
Menschen diejenige Tugend einflößen,
die über alle Furcht erhaben den Menschen bewegt, die schwache Klugheit
derjenigen zu verachten, welchen ein
ungewisses und von andern abhangen-
des Daseyn erträglich ist.

Man kann unmöglich die Gesetze,
und Geschichte der Völker mit einem
philosophischen Auge betrachten, ohne

L   da-

daselbst Beyspiele von den Unordnungen zu finden, die aus der Unwissenheit, oder Verachtung dieser Wahrheit
entstanden sind. Man sieht, daß die
Namen des Lasters und der Tugend,
eines guten oder bösen Bürgers, mit
Ablauf der Jahre eine andere Bedeu-
tung bekommen, man sieht daß sich
alles ändere, aber nicht nach Maaß der
Umständen, in welchen sich eine Nation
befindet, weder nach Maaß des allgemeinen Interesse derselben, sondern
nach Maaß der Irrthümer, und verän-
derlicher Leidenschaften der verschiedenen Gesetzgeber. Man sieht gar oft,
daß die Leidenschaften eines Jahrhunderts der Moral der folgenden Jahrhunderte zum Grunde dienen, daß sie
ihre ganze Weisheit, ihre ganze Staatskunst bilden, und daß die heftige Leidenschaften, diese Töchter der Schwärmerey, und des Enthusiasmus, nachdem sie von der Zeit, welche in physikalischen und moralischen Erscheinungen
das Gleichgewicht macht, geschwächet
worden sind, nach und nach in ge-
schickten und mächtigen Händen ein
nütz-

nützliches Werkzeug werden. Auf diese
Weise sind in der Welt die dunkeln Begriffe von Ehre und Tugend entstanden;
und sie werden sich immer in dieser
Dunkelheit erhalten, weil sie mit der
Zeit, die von den Sachen nur die Namen erhält, abwechseln, und sich mit
den Gränzen der Staaten ändern, die
sowol in moralischen, als physikalischen
Verstande von Flüssen und Bergen,
welche den Völkern zu Gränzfestun-
gen dienen, eingeschlossen sind.

§. XXVI.

Von Verbrechen der beleidigten Majestät.

Verbrechen, die ohne Umschweif, und
unmittelbar auf den Untergang der
Gesellschaft, und derjenigen, von welchen sie vorgestellet wird, abzielen und
am allergrößten sind, weil sie der Gesellschaft mit höchster Gefahr drohen,
heissen Verbrechen der beleidigten Majestät.

L 2

jeſtät.   Tyranney und Unwiſſenheit
allein, welche oft die klärſten Benen-
nungen, und Begriffe miteinander verwirren, haben Verbrechen von ganz
unterſchiedener Natur dieſen Namen
beygelegt, und bey dieſer Gelegenheit,
wie bey vielen andern, die Menſchen zu
Schlachtopfern eines Ausdrucks gemacht.   Jedwedes Verbrechen ſchadet
der Geſellſchaft; aber nicht jedwedes
Verbrechen zielt auf den Untergang
derſelben.   Die Sphäre der Wirkſamkeit iſt bey moraliſchen Handlungen ſowohl, als bey phyſikaliſchen, auf verſchie-
dene Art, durch Zeit und Ort, ſo wie
alle Bewegungen in der Natur beſtimmet und eingeſchränkt.   Nur eine ſophiſtiſche Auslegungskunſt, dieſe Phi-
loſophie der Sklaven kann ſich einfallen laſſen, Dinge miteinander zu vermiſchen, welche die ewige Wahrheit
durch unveränderliche Gränzen von
einander getrennet hat.

§. XXVII.

§. XXVII.

Von Verbrechen der Privatsicherheit und von Gewaltthätigkeiten.

Nach der ersten Art von Verbrechen folgen diejenigen, welche die Sicherheit der Privatperfonen angreifen. Da nun die perfönliche Privatsicherheit ein geheiligtes Recht eines jeden Bürgers und der Endzweck aller rechtmäßigen Staaten ist, so müssen alle, diejenigen, welche sich unterfangen dieses geheiligte Recht zu verletzen, nach Vorschrift der Gesetze aufs schärfeste bestrafet werden.

Unter diesen Verbrechen greifen einige die Person selbst, andere die Ehre, und andere endlich die Güter an. Die ersten, wovon wir sogleich reden wollen, müssen unstreitig mit Leibesstrafen beleget werden.

Die Unternehmungen gegen das Leben, und die Freyheit der Bürger gehören zu den schwersten Verbrechen, und in dieser Klasse stehen nicht nur

L 3 allein

desto sicherern Weg öffnet, je verborge-
ner er gewesen war.

Wie werden denn die Strafen der
Adelichen beschaffen seyn, deren Vorrechte in dem Völkerrecht eine ansehnli-
che Stelle einnehmen? Ich will hier
nicht untersuchen, ob dieser erbliche Unterschied zwischen dem Adel und gemei-
nem Volke in einem freyen Staate nützlich oder in einer Monarchie nothwendig seye: ob es wahr seye, daß der A-
del eine gleichsam mittlere und geschickte
Macht seye, das gemeine Volk und den
Regenten in den gehörigen Schranken
zu erhalten; ob er nicht vielmehr einer
Gesellschaft gleiche, die ihr eigner, und
andrer Sklav ist; ob der Adel nicht
vielmehr zu der Ungelegenheit Anlaß
gebe, daß der ganze Umlauf des Fleißes, des Glückes, und der Hofnung
auf einen Haufen zusammen kommt,
gleich jenen kleinen fruchtbaren und angenehmen Inseln, die man mitten in
den sandigten und wüsten Arabien antrift: ob es nicht, wofern es wahr seyn
sollte, daß die Ungleichheit unvermeidlich, ja der Gesellschaft sogar nützlich
ist,

ist, eben so natürlich seyn würde, wenn
sie vielmehr zwischen einzelnen Personen
als ganzen Gesellschaften wäre ; und
vielmehr beständig entstünde und wieder
vergienge, als immer fort dauerte. Mit
allen diesen Fragen mag es sich verhalten, wie es immer wolle, so behaupte
ich dennoch, daß Personen vom höchsten Range mit eben den Strafen, als
die geringsten Bürger beleget werden
müssen. Jedweder Unterschied in Ansehung der Ehre, und des Reichthums
setzet, wenn er anders rechtmäßig seyn
soll, eine vorgängige Gleichheit zwischen den Bürgern zum voraus, und
gründet sich auf diejenigen Gesetze, die
alle Glieder der Gesellschaft so betrachten, daß sie auf einerley Weise von ihnen abhängen. Man muß zum voraus
setzen, daß Menschen, in dem sie auf
ihre natürliche unumschränkte Macht
Verzicht thaten, einander gesagt
haben : Wer der fleißigste, oder der
glücklichste ist, der soll die größte Ehre erlangen, und diese Ehre soll seinen Nachkommen zu Theil werden.
Allein dem ungeachtet muß er sich eben
so

sen; dahero müssen jene Vergehungen,
welche die allgemeine Wohlfart stärker
zerrütten, mit einer grössern; so wie
die minder wichtigen, mit einer kleinern
Strafe belegt und eingehalten werden.

Die Kraft, welche uns ohne Unterlaß zu unserer eigenen Glückseligkeit
hinreisset, lasset sich, wie die Schwerkraft, durch nichts als durch Hindernisse, die man ihn entgegen setzt, aufhalten; die ganze Reihe menschlicher
Handlungen ist eine Wirkung dieser
moralischen Schwerkraft. Strafen sind
die politische Hindernisse, welche die
Gesetze den Absichten der Handlungen
eines jeden Menschen entgegen setzen:
sie dienen dazu, den gegenseitigen
Stoß des Privatinteresse zu schwächen,
und den höchst schädlichen Wirkungen
desselben vorzubeugen, ohne bey dem
Menschen die Ursache der Bewegung,
das ist die Empfindlichkeit, zu vernichten. Der Gesetzgeber ist ein geschickter
Baumeister, welcher die zerstörende
Kraft der Schwere zu vertheilen, und
alle andere Kräfte, welche zur Erhaltung

tung seines Gebäudes dienen können,
zu seinen Nutzen anzuwenden weiß.

Wenn man die Nothwendigkeit,
und die Vortheile, die aus der Verei=
nigung der Menschen fließen, voraus
setzt, wenn man Verträge zwischen
ihnen voraussetzt, die aus dem Streite
des Privatinteresse mit dem allgemeinen
entspringen: so kann man sich eine ge=
wisse Progreßion der Verbrechen aus=
denken, unter welcher dasjenige, wel=
ches auf die Trennung, und den un=
mittelbaren Untergang der Gesellschaft
abzielt, das größte; und die geringste
Beleidigung, die einer einzelnen Person
widerfahren kann, das kleinste ist.
Zwischen diesen beyden stehen alle dem
gemeinen Besten zuwider laufende
Handlungen, welche criminell genennt
werden, nach einer unmerklich aufstei=
genden Reihe von dem ersten bis zu dem
letzten.

Könnte man die mathematischen
Berechnungen auf die unendlichen und
dunkeln Verbindungen der menschlichen
Handlungen anwenden; so müßte man
eine, mit der Progreßion der Ver=

bre=

brechen, von dem schwersten an, bis
auf das geringste übereinstimmende
Progreßion der Strafen suchen und
festsetzen. Könnte man diese beyde
Progreßionen mit äusserster Richtigkeit
machen, und ausdrücken, so würden
sie ein gemeinschaftlicher Maaßstab der
Grade, der Freyheit und der Tyranney, der Menschlichkeit und Bosheit
jedweder Nation seyn. Allein einem
einsichtsvollen Gesetzgeber ist es genug,
wenn er nur die Ordnung der Grenzen
dieser beyden Progreßionen beybehält,
bey jeder die vornehmsten Eintheilungen
bemerket und nicht Verbrechen vom
ersten Range, mit Strafen von der
niedrigsten Ordnung beleget.

§. XXIV.

Vom Maaßstabe der Ver-
brechen.

Der wahre Maaßstab der Grösse eines
Verbrechens ist der Schaden,
welcher der Gesellschaft daraus entstehet. Dieß ist eine derjenigen Wahr-
heis

heiten, die, ob sie gleich für den mit-
telmäßigen Verstand, bey der geringsten Aufmerksamkeit deutlich sind, dennoch vermöge einer wunderbaren Verbindung der Umstände zu allen Zeiten,
und bey allen Völkern nur von einer
geringern Anzahl denkender Köpfe mit
Ueberzeugung sind erkannt worden.
Die von einer unumschrenkten Macht
ausgebreitete Meynungen, und mit
Gewalt bewafnete Leidenschaften haben
(es mag nun durch ihre heftige Wirkung auf die furchtsame Leichtgläubig-
keit, oder durch unmerkliche Eindrücke
geschehen seyn,) die natürlichen Begriffe erstickt, auf welche die ersten
Menschen durch die hervorkeimende
Philosophie der Gesellschaften geführet
wurden. Das in unseren Zeiten aufge-
gangene Licht führet uns glücklicher-
weise zu diesen Grundsätzen wieder zurück, und zeiget uns bey einer strengen
Untersuchung durch tausend auf Erfah-

je mehr Schwierigkeiten sich bey ihrer
Einführung und Festsetzung geäussert
haben. Einige Sittenlehrer haben geglaubt die Grösse des Verbrechens
käme auf den übeln Vorsatz und die
Absicht desjenigen an, der das Laster
begehet. Allein selbst diese Absicht
hängt von dem Grade des wirklichen
Eindrucks der Gegenstände, und von
der Fassung ab, in welcher sich die
Seele vorher befande: die Dinge sind
aber bey allen Menschen verschieden und
verändern sich bey jedem eben so schnell
wie die Begriffe aufeinander folgen,
und die Leidenschaften in verschiedenen
Umständen abwechseln. Man müßte
demnach nicht allein ein besonderes Gesetzbuch für jeden Bürger, sondern ein
neues Strafgesetz für jedes Verbrechen
haben. Oefter fügt man der Gesellschaft in der besten Absicht den größten
Schaden zu; und bisweilen erzeiget
man derselben, bey dem stärksten Willen, ihr zu schaden, die wesentlichsten
Dienste.

Andere messen die Grösse eines
Verbrechens vielmehr nach dem Stande
der

der beleidigten Perſon ab, als nach
den ſchädlichen Folgen, welche aus
dem Verbrechen für die Geſellſchaft
entſtehen. Wäre dieſe Meynung gegründet, ſo müßte die allergeringſte
Unehrerbietigkeit gegen das höchſte
Weſen mit mehrerer Grauſamkeit be-
ſtraft werden, als die Ermordung eines
Monarchen, weil die Beſchaffenheit
dieſes Verbrechens mit der Erhabenheit
der göttlichen Natur ganz und gar nicht
in Vergleichung kommen kann.

Andere Schriftſteller haben endlich
noch geglaubt, es müßte bey Abmeſ-
ſung des Grades eines Verbrechens
mit in Betrachtung kommen, wie ſehr
GOtt dadurch beleidigt werde, und
wie ſchwer die Sünde ſey. Den Un-
grund dieſer Meynung wird derjenige
im ganzen Zuſammenhange einſehen,
welcher die wahren Verhältniſſe unterſucht, die zwiſchen Menſchen und Menſchen an einer Seite, und an der andern
zwiſchen GOtt und Menſchen ſind.

Die Verhältniſſe der Menſchen
unter einander ſind Verhältniſſe der
Gleichheit. Die einzige Nothwendigkeit

keit hat aus dem Streite der Leidenschaften, und dem sich untereinander
entgegen gesetzten Interesse der Privatpersonen den Begrif des allgemeinen
Besten hervorgebracht, welcher der
Grund der menschlichen Gerechtigkeit
ist. Die Menschen stehen mit GOtt
nur in einem Verhältnisse der Abhängigkeit von einem vollkommenen Wesen,
und ihrem Schöpfer, welcher sich allein
das Recht vorbehalten hat, Gesetzgeber und Richter zu gleicher Zeit zu seyn;
weil er allein ohne nachtheilige Folgen
beydes zugleich seyn kann. Hat er wider diejenigen, die sich seinem Willen
widersetzen, ewige Strafen verordnet,
welch Insekt wird denn kühn genug
seyn, der göttlichen Gerechtigkeit zu
Hülfe zu kommen, und es sich anmaß-
en, in seiner Rache, dem unendlichen
Wesen beyzustehen, welches sich selbst
genug ist, auf welches die Gegenstände
keine Eindrücke des Vergnügens, noch
des Schmerzens machen, das einzig
und allein in der Natur wirket, ohne
Gegenwirkungen ausgesetzt zu seyn?
die Grösse der Sünde hängt von der
ver-

verborgenen Bosheit des Herzens ab,
welche die Menschen nicht erkennen können, wofern GOtt ihnen selbige nicht
offenbaret. Wie könnte sie uns denn
wohl zu einer Richtschnur dienen die
Strafe darnach zu bestimmen? der
Mensch würde öfters strafen, wenn
GOtt vergiebt, und vergeben, wenn
GOtt strafet, in beyden Fällen würde
er dem höchsten Wesen zuwider handlen.

§. XXV.

Von Verschiedenheit der Ver-
brechen.

Es giebt Verbrechen die unmittelbar
und ohne Umschweif auf den Umsturz der Gesellschaft, oder aber auf den
Untergang dessen, der die Gesellschaft
vorstellet, loßzielen, andere verletzen
den Mitbürger an seinem Leben, an seinen Gütern, an seiner Ehre und endlich
giebt es auch Handlungen, die demjenigen zuwider laufen, was das Gesetz
in Absicht auf das gemeine Beste zu
thun befiehlt oder verbittet.

Jed-

Jedwede Handlung, die nicht unter einer dieser Klassen begriffen ist, kann keineswegs als ein Verbrechen angesehen, und als ein solches bestrafet werden, außer nur von denjenigen, denen daran liegt, sie als ein Verbrechen anzusehen. Eben deswegen, weil man diese Gränzen nicht zu bestimmen wußte, siehet man bey allen Völkern eine Moral, die mit der Gesetzverfassung streitet; verschiedene Gesetze, die einander widersprechen; und andere, welche rechtschaffene Leute den strengsten Strafen unterwerfen. Daher sind die Namen der Tugend und des Lasters vermengt, und veränderlich, daß Daseyn des Bürgers ist ungewiß geworden, und alle diese Ursachen haben nach und nach in den Staatskörpern zu einer unglücklichen Schlafsucht Anlaß gegeben, wodurch manche Staaten zuletzt ins Verderben gerathen sind.

Die Meynung, daß jedem Bürger alles, was den Gesetzen nicht zuwider ist, erlaubt seye, ohne deswegen andre Ungelegenheiten zu befürchten, als solche, die nothwendige Folgen seiner Hand-

Handlung in sich selbst sind; diese Mey=
nung ist ein politischer Lehrsatz, welchen
die Völker glauben, die Magistratsper=
sonen predigen müssen, und welcher der
unparteyischen Aufsicht der Gesetze an=
empfohlen werden sollte; ein geheiligter
Lehrsatz, ohne welchen keine rechtmäßi=
ge Gesellschaft seyn kann; ein Recht
des Bürgers, welches eine gerechte
Belohnung des Opfers ist, das er mit
einem Theile seiner Freyheit gemacht
hat, das ist, mit einem Theile der all=
gemeinen Wirksamkeit über die ganze
Natur, die jedem empfindenden Wesen
zukömt, und mit seiner Macht einerley
Gränzen hat. Diese Meynung bildet
freye und tapfere Seelen, erhabene und
aufgeklärte Geister, sie allein kann dem
Menschen diejenige Tugend einflößen,
die über alle Furcht erhaben den Men=
schen bewegt, die schwache Klugheit
derjenigen zu verachten, welchen ein
ungewisses und von andern abhangen=
des Daseyn erträglich ist.

Man kann unmöglich die Gesetze,
und Geschichte der Völker mit einem
philosophischen Auge betrachten, ohne
da=

L

daselbst Beyspiele von den Unordnungen zu finden, die aus der Unwissenheit, oder Verachtung dieser Wahrheit
entstanden sind. Man sieht, daß die
Namen des Lasters und der Tugend,
eines guten oder bösen Bürgers, mit
Ablauf der Jahre eine andere Bedeu-
tung bekommen, man sieht daß sich
alles ändere, aber nicht nach Maaß der
Umständen, in welchen sich eine Nation
befindet, weder nach Maaß des allgemeinen Interesse derselben, sondern
nach Maaß der Irrthümer, und verän-
derlicher Leidenschaften der verschiedenen Gesetzgeber. Man sieht gar oft,
daß die Leidenschaften eines Jahrhunderts der Moral der folgenden Jahrhunderte zum Grunde dienen, daß sie
ihre ganze Weisheit, ihre ganze Staatskunst bilden, und daß die heftige Leidenschaften, diese Töchter der Schwärmerey, und des Enthusiasmus, nachdem sie von der Zeit, welche in physikalischen und moralischen Erscheinungen
das Gleichgewicht macht, geschwächet
worden sind, nach und nach in ge-
schickten und mächtigen Händen ein
nütz-

nützliches Werkzeug werden. Auf diese
Weise sind in der Welt die dunkeln Begriffe von Ehre und Tugend entstanden;
und sie werden sich immer in dieser
Dunkelheit erhalten, weil sie mit der
Zeit, die von den Sachen nur die Namen erhält, abwechseln, und sich mit
den Gränzen der Staaten ändern, die
sowol in moralischen, als physikalischen
Verstande von Flüssen und Bergen,
welche den Völkern zu Gränzfestun-
gen dienen, eingeschlossen sind.

§. XXVI.

Von Verbrechen der beleidigten Majestät.

Verbrechen, die ohne Umschweif, und
unmittelbar auf den Untergang der
Gesellschaft, und derjenigen, von welchen sie vorgestellet wird, abzielen und
am allergrößten sind, weil sie der Gesellschaft mit höchster Gefahr drohen,
heissen Verbrechen der beleidigten Majestät.

jeſtät. Tyranney und Unwiſſenheit
allein, welche oft die klärſten Benen‐
nungen, und Begriffe miteinander ver‐
wirren, haben Verbrechen von ganz
unterſchiedener Natur dieſen Namen
beygelegt, und bey dieſer Gelegenheit,
wie bey vielen andern, die Menſchen zu
Schlachtopfern eines Ausbrucks ge‐
macht. Jedwedes Verbrechen ſchadet
der Geſellſchaft; aber nicht jedwedes
Verbrechen zielt auf den Untergang
derſelben. Die Sphäre der Wirkſam‐
keit iſt bey moraliſchen Handlungen ſo‐
wohl, als bey phyſikaliſchen, auf verſchie‐
dene Art, durch Zeit und Ort, ſo wie
alle Bewegungen in der Natur beſtim‐
met und eingeſchränkt. Nur eine ſo‐
phiſtiſche Auslegungskunſt, dieſe Phi‐
loſophie der Sklaven kam ſichs einfal‐
len laſſen, Dinge miteinander zu ver‐
miſchen, welche die ewige Wahrheit
durch unveränderliche Gränzen von
einander getrennet hat.

§. XXVII.

§. XXVII.

Von Verbrechen der Privatsicherheit und von Gewaltthätigkeiten.

Nach der erſten Art von Verbrechen folgen diejenigen, welche die Sicherheit der Privatperſonen angreifen. Da nun die perſönliche Privatſicherheit ein geheiligtes Recht eines jeden Bürgers und der Endzweck aller rechtmäßigen Staaten iſt, ſo müſſen alle diejenigen, welche ſich unterfangen dieſes geheiligte Recht zu verletzen, nach Vorſchrift der Geſetze aufs ſchärfeſte beſtrafet werden.

Unter dieſen Verbrechen greifen einige die Perſon ſelbſt, andere die Ehre, und andere endlich die Güter an. Die erſten, wovon wir ſogleich reden wollen, müſſen unſtreitig mit Leibesſtrafen beleget werden.

Die Unternehmungen gegen das Leben, und die Freyheit der Bürger gehören zu den ſchwerſten Verbrechen, und in dieſer Klaſſe ſtehen nicht nur

L 3

allein

allein die Mordthaten, und Raubereyen,
gemeiner Leute, sondern auch Gewaltthätigkeiten von eben der Art, die von
den Großen, und Magistratspersonen
ausgeübet werden, und die als desto
schwerere Verbrechen anzusehen sind,
da der moralische Einfluß der Handlungen solcher Leute, die über andere erhoben sind, weit stärker und in einer größern Entfernung wirket, nebst diesem
aber auch bey den Bürgern alle Begriffe von Gerechtigkeit und Pflicht vernichtet, und den Begriff von dem Rechte des stärksten an ihre Stelle setzt; ein
Recht, das eben so gefährlich für denjenigen ist, der sich dessen bedient, als
für denjenigen, der darunter leidet.

Dem Mächtigen und Reichen muß
es nicht erlaubt seyn, auf die Sicherheit des Schwachen und Armen einen
Preis zu setzen; sonst würden Reichthümer, die unter dem Schutze der Gesetze eine Belohnung des Fleißes sind,
der Tiranney zur Nahrung werden. Es
ist keine Freyheit mehr vorhanden, so-
bald die Gesetze erlauben, daß der
Mensch in gewissen Umständen aufhöre
eine

eine Perſon zu ſeyn, und zu einer Sache
werde.. In dieſem Fall ſieht man, daß
die Mächtigen ihre ganze Geſchicklichkeit anwenden, aus der großen Menge
der Verbindungen, die aus dem geſellſchaftlichen Leben entſtehen, alle diejenigen zur Wirklichkeit zu bringen, welche
die Geſetze zu ihrem Vortheil erlaubet
haben. Dieſe geheime Kunſt iſt die
Zauberkunſt, welche Bürger in Laſtthie-
re verwandelt, und in der Hand des
Starken eine Kette iſt, womit er den
Schwachen in ſeinen Handlungen bin-
det.

Auf dieſe Art bleibt in einigen Re-
gierungsverfaſſungen, welche völlig den
Schein der Freyheit haben, die Tiranney verborgen, oder ſie ſchleicht ſich in
einen Theil der Verfaſſung ein, den der
Geſetzgeber vernachläßiget hat, ſie wird
daſelbſt unvermerkt ſtärker, und breitet
ſich weiter aus. Der offenbaren Tiranney wiſſen die Menſchen einen Damm,
der ſtark genug iſt, entgegen zu ſetzen;
allein, öfters ſehen ſie den unſichtbaren
Wurm nicht, der denſelben durchlöchert
und endlich der Ueberſchwemmung einen
L 4 deſto

desto sicherern Weg öffnet, je verborge-
ner er gewesen war.

Wie werden denn die Strafen der
Adelichen beschaffen seyn, deren Vorrechte in dem Völkerrecht eine ansehnli-
che Stelle einnehmen? Ich will hier
nicht untersuchen, ob dieser erbliche Unterschied zwischen dem Adel und gemei-
nem Volke in einem freyen Staate nützlich oder in einer Monarchie nothwendig seye: ob es wahr seye, daß der A-
del eine gleichsam mittlere und geschickte
Macht seye, das gemeine Volk und den
Regenten in den gehörigen Schranken
zu erhalten; ob er nicht vielmehr einer
Gesellschaft gleiche, die ihr eigner, und
andrer Sklav ist; ob der Adel nicht
vielmehr zu der Ungelegenheit Anlaß
gebe, daß der ganze Umlauf des Fleißes, des Glückes, und der Hofnung
auf einen Haufen zusammen kommt,
gleich jenen kleinen fruchtbaren und angenehmen Inseln, die man mitten in
den sandigten und wüsten Arabien antrift: ob es nicht, wofern es wahr seyn
sollte, daß die Ungleichheit unvermeidlich, ja der Gesellschaft sogar nützlich
ist,

ist, eben so natürlich seyn würde, wenn
sie vielmehr zwischen einzelnen Personen
als ganzen Gesellschaften wäre ; und
vielmehr beständig entstünde und wieder
vergienge, als immer fort dauerte. Mit
allen diesen Fragen mag es sich verhalten, wie es immer wolle, so behaupte
ich dennoch, daß Personen vom höchsten Range mit eben den Strafen, als
die geringsten Bürger beleget werden
müssen. Jedweder Unterschied in Ansehung der Ehre, und des Reichthums
setzet, wenn er anders rechtmäßig seyn
soll, eine vorgängige Gleichheit zwischen den Bürgern zum voraus, und
gründet sich auf diejenigen Gesetze, die
alle Glieder der Gesellschaft so betrachten, daß sie auf einerley Weise von ihnen abhängen. Man muß zum voraus
setzen, daß Menschen, in dem sie auf
ihre natürliche unumschränkte Macht
Verzicht thaten, einander gesagt
haben: Wer der fleißigste, oder der
glücklichste ist, der soll die größte Ehre erlangen, und diese Ehre soll seinen Nachkommen zu Theil werden.
Allein dem ungeachtet muß er sich eben
so-

sowohl, als alle übrigen in Acht nehmen, die Bedingniße nicht zu übertretten, unter welchen er über seine Mitbürger ist erhoben worden. Es ist wahr,
das menschliche Geschlecht hat keinen
allgemeinen Reichstag gehalten, auf
welchen man dergleichen Verordnung
verfasset hätte; allein sie ist in den unveränderlichen Verhältnissen der Dinge
gegründet. Sie ist den Vortheilen nicht
hinderlich, die man aus der Einführung
des Adels zu ziehen vorgiebt, und beü-
get den Ungelegenheiten vor, die eine
Folge davon seyn können. Sie macht
die Gesetze verehrungswürdig, indem
sie alle Hofnung zur Straflosigkeit ab-
schneidet.

Man wird mir den Einwurf machen, daß, wenn man einen von Adel
und einen gemeinen Mann auf gleiche
Weise bestrafet, diese Strafe in der
That verschieden, und für den ersten
in Ansehung des Unterschieds der Erziehung, und der Schande, die einer vornehmen Familie dadurch widerfährt,
weit schwerer seye. Ich antworte: nicht
die Empfindlichkeit des Schuldigen,
son-

sondern die Stuffe des Schadens, welcher der Gesellschaft zuwächst, ist der
Maaßstab der von den Gesetzen zu be-
stimmenden Strafe; nun aber ist dieser
Schaden desto größer, wenn er von einem Bürger von erhabenern Range verursachet wird. Die Gleichheit der
Strafe kann nicht anders, als dem äu-
ßerlichen Ansehen nach, statt finden,
weil sie wirklich mit dem Grade der Empfindlichkeit, der bey jeder einzelnen Person verschieden ist, im Verhältnisse steht.
Eine unschuldige Familie kann von einem Schimpfe gar leicht durch den Regenten befreyet werden, welcher ihr öffentliche Merkmale seiner Gewogenheit geben kann, und muß; und wer weiß
nicht, daß der Leichtglaubige und alles
bewundernde Pöbel dergleichen Gunst-
bezeigungen als Gründe annimmt?

§. XXVIII.
Von Beschimpfungen.

Persönliche Beschimpfungen, welche
die Ehre angreifen, daß ist, welche
die

die Abſicht haben, einem Bürger den
billigen Antheil der Hochachtung zu
rauben, den er mit Recht von andern
fodern kann, müſſen mit der Unehrlichkeit beſtrafet werden.

Zwiſchen den bürgerlichen Geſetzen,
und den ſogenannten Geſetzen der Ehre,
iſt ein Unterſchied, welcher bemerket zu
werden verdienet. Jene beſchäftigen
ſich mit der Erhaltung des Leibes und
der Güter jeder einzelnen Perſon; dieſe
haben blos die Abſicht, die Streiche
des Wahns abzuwenden. Das Wort
Ehre gehöret unter diejenigen, worüber man die ſchönſten Betrachtungen
angeſtellt hat, ohne einen beſtimmten
und richtigen Begriff damit zu verbinden; eine unglückliche Eigenſchaft des
menſchlichen Verſtandes, daß er in
Abſicht auf ſein Glück auch mit den
entfernteſten Wahrheiten zum Beyſpiel
mit dem Umlaufe der himmliſchen Körper, bekannter iſt, als mit ſolchen, die
auf ſeine Glückſeligkeit einen unmittelbaren Einfluß haben, und daß die in-
tereſſanten Begriffe der Moral für ihn
ungewiß ſind, oder aber von der Un-
wiſſen-

wiſſenheit beſtimmet bey dem geringſten
Winde der Leidenſchaften wanken! man
wird aber aufhören, ſich über dieſen Un=
terſchied zu verwundern, wenn man er=
wäget, daß, gleich wie wir die einzelnen
Theile der Gegenſtände, die unſern Au=
gen gar zu nahe kommen, nicht unter=
ſcheiden, auch auf gleiche Weiſe in
den uns allzunahen moraliſchen Be=
griffen, die einfachen Begriffe, wo=
raus ſie beſtehen, leicht miteinander
vermiſchen, und die Linien, von wel=
chen ſie eingeſchränkt werden, nicht aus=
nehmen können, deren Lage wir gleich=
wohl beſtimmen müßten, um die Er=
ſcheinungen der menſchlichen Empfin=
blichkeit deutlich zu unterſcheiden. Ja
was noch mehr; ein nachdenkender Be=
merker der Natur wird aufhören, ſich
über ſie zu beklagen, wenn er auf die Ge=
danken gerathen ſollte, daß die Men=
ſchen, um glücklich und ruhig zu ſeyn,
keiner ſolcher Menge Bände, noch ſo
weitläufiger Anſtalten der Moral nö=
thig haben.

Der Begriff der Ehre iſt ein zu=
ſammengeſetzter Begriff, der aus Be=
griffen

griffen besteht, die schon selbst zusammen=
gesetzt, und keinesweges einfach sind.
Nach den verschiedenen Seiten, nach
welchen sich der Begriff der Ehre dem
Verstande zeigt, faßt er bisweilen eini=
ge von denjenigen Begriffen in sich, aus
welchen er zusammengesetzt ist, bisweи=
len schließt er einige aus, und behält in
diesen verschiedenen Wendungen nur ei=
ne kleine Anzahl gemeinschaftlicher Be=
griffe, so wie verschiedene algebraische
Größen einen gemeinschaftlichen Thei=
ler (Divisor) haben.   Um diesen ge=
meinschaftlichen Theiler (Divisor) der
verschiedenen Begriffe, die sich die Men=
schen von der Ehre machen, zu finden,
wollen wir einen flüchtigen Blick auf die
Entstehung der Gesellschaften werfen.

Die ersten Gesetze und Obrigkeiten
entstunden aus Nothwendigkeit um den
Unordnungen vorzubeugen, die der eiи=
zelne Mensch von einer überlegenen ein=
zelner Gewalt zu befürchten hatte. Dieß
war bey Errichtung der Gesellschaften
die vornehmste Absicht, und alle Ge=
setzbücher der verschiedenen Völker, selbst
diejenigen, welche man als schädlich an=
se=

sehen kan, sind auf diesen Endzweck gerichtet, oder wollen es wenigsten seyn.
Allein, die nähere Vereinigung der
Menschen, und die Ausbreitung ihrer
Kenntnisse, gaben gar bald Gelegenheit
zu einer unendlichen Menge von Bedürfnissen und Handlungen, die sich zwischen den Gliedern der Gesellschaft wechselseitig vermehrten. Die Gesetze hatten alle diese Bedürfnisse nicht zum voraus gesehen, und die Gewalt, die jedweder Bürger wirklich besaß, war nicht
hinlänglich, denselben abzuhelfen. In
diesem Zeitpunkte nahm die Gewalt des
Wahns überhand, da sie das einzige
Mittel war, diejenigen Güter von andern zu erhälten, welche die Gesetze nicht
verschaffen könnten, und diejenigen Ubel
von sich zu entfernen, wogegen sie sich
nicht sicher stellen könnten. Der Wahn
ist eine Marter des Weisen sowohl als des
Pöbels; er erwirbt öfters dem äußeren
und blendenden Schein der Tugend die
Ehrfurcht, welche er der wirklichen Tugend selbst oft versagt. Der Wahn macht
einen Mißionär aus einem Bösewichte,
welcher bey der Heuchelen seinen Vortheil

theil findet.   Unter der Herrschaft des
Wahns wird die Hochachtung der Men=
schen jedwedem Bürger nicht allein nütz=
lich, sondern auch nothwendig, um sich
mit allen Menschen in einer Gleichheit
zu erhalten.   Der Eigennütze bediente
sich derselben als eines nützlichen Mit=
tels zu seinen Absichten; der Eitele er=
bettelte sie, als ein Zeugniß seines Ver=
dienstens: der Rechtschaffene foderte sie,
als eine Gebühr. Da die Ehre erst nach
Errichtung der Gesellschaften entstan=
den ist, so hat man sie nicht zugleich mit
dem kleinen Theile der Freyheit verge=
ben können.   Die Empfindung, welche
den Begriff der Ehre in uns regemacht,
versetzet uns vielmehr plätzlich in den
Stand der Natur, und entzieht uns auf
einen Augenblick der gesetzmäßigen Ge=
walt, die in gewissen Umständen einen
Bürger nicht genugsam vertheidiget.

Hieraus folget, daß in der grö=
ßten politischen Freyheit und in der grö=
ßten Sklaverey die Begriffe von der
Ehre aus der Gesellschaft verschwinden,
oder sich mit andern Begriffen vermi=
schen.   Im ersten Falle macht das An=
se=

sehen der Gesetze, die Bemühung eines
Bürgers, sich andrer Hochachtung zu
erwerben unnütz; und da im zweyten
Falle die unumschränkte Gewalt das
bürgerliche Daseyn aufhebt, so läßt sie
einem jeden Menschen nichts anders ü-
brig, als eine erbettelte und ungewisse
Persönlichkeit. In solchen Monarchien
demnach, wo die höchste Gewalt eingeschränkt ist, wird auch die Ehre als ein
Grundsatz, zu ihren Wesen etwas beytra-
gen, und eben dieselben Wirkungen hervorbringen, welche in despotischen Staaten aus Staatsveränderungen entstehen.
Sie versetzt den Unterthanen auf einen
Augenblick in den Stand der Natur,
und macht bey dem Herrn das Andenken an die alte Gleichheit rege.

§. XXIX.

Von Zweykämpfen.

Aus der Nothwendigkeit, sich die
Hochachtung der Menschen zu erwerben, entstand der Zweykampf, welcher eben damals entstand, als die Ge-

ſetze noch ohnmächtig waren. Man
glaubt, er ſeye in alten Zeiten unbekannt
geweſen. Vielleicht rührt dieſes daher,
weil die Menſchen ſich damals nicht vol-
ler Mißtrauen, bewafnet in den Tem-
peln, auf den Schauplätzen, und bey
ihren Freunden einſtellten; vielleicht auch
deswegen, weil Bürger, da der Zweykampf ein gewöhnliches und gemeines
Schauſpiel war, welches Sklaven und
ſchlechte Leute dem Volke gaben, ſich
ſcheuten, für Fechter angeſehen zu werden.

Dem ſey, wie ihm wolle, ſo iſt es
dennoch vergebens, demjenigen die Todesſtrafe zuzuerkennen, der einen Zweykampf anbeut, oder annimmt. Dieß
ſtrenge Geſetz hat eine Gewohnheit nicht
ausrotten können, die ſich auf eine Empfindung gründet, vermöge welcher dem
Menſchen die Ehre iieber iſt, als ſein
Leben. Ein Bürger, der die Achtung
ſeiner Mitbürger verlohren hat, würde
verlaſſen in der Einſamkeit leben müſſen,
welcher Zuſtand einem von der Natur
aus geſelligen Geſchöpfe unerträglich iſt,
oder er würde beſtändig Beleidigungen
und

und der Verunehrung ausgesetzt seyn, deren wiederholte Streiche einen weit stärkern Eindruck auf ihn machen, als die Gefahr und Vorstellung der Lebensstrafe, welcher er sich blosstellet. Warum ist der Zweykampf nicht unter gemeinen Leuten eben so im Gebrauche, als unter den Großen? nicht blos allein deswegen, weil das gemeine Volk unbewafnet ist, sondern vielmehr deswegen, weil Leute von niedrigem Range der öffentlichen Hochachtung nicht so sehr bedürfen, als Leute von erhabenerm Stande, die weit mehr mißtrauen und Eifersucht gegen einander hegen.

Es ist nicht unnütz, hier zu wiederholen, was andere bereits angemerkt haben, es seye das beste Mittel, dieser Art von Verbrechen vorzubeugen, daß man den angreifenden Theil, das ist, denjenigen, der zum Zweykampfe Gelegenheit gegeben, bestrafe, und denjenigen für unschuldig erkläre, der, ohne eigenes Verschulden in der Nothwendigkeit gewesen, seine Ehre, in deren Besitz ihn die Gesetze nicht genugsam schützen, zu vertheidigen, und der sich

in

in der Nothwendigkeit befindet, seinem
Mitbürger zu zeigen, daß er sich vor
Menschen nicht förchte. *

§. XXX.
Von Diebstählen und Raube.

Diebstähle, die mit keiner Gewaltthätigkeit vergesellschaftet sind, sollten
mit

* Die Erfahrung hat es gelehret, daß zu Zweykäm-
pfen nur meistentheils eine übel verstandene Ehre
Gelegenheit gegeben, und die Vernunft überzeu-
get einen jeden, daß ein Zweykampf gar nicht das
ächte Mittel seye, seine Ehre zu retten. Man
würde also einem für die bürgerliche persönliche
Sicherheit sehr gefährlichen Vorurtheile zu viel
einraumen, wenn man jenen, der bey dem Auftrag des Zweykampfes sich nicht weigert ein Mörder oder Henker seines Mitbürgers zu seyn, für
unschuldig und rechtschaffen erklärte. Bey einem
unvermutheten Angriff kann die Gegenwehr eben
darum durch die Gesetze nicht verboten werden,
weil der angegrifene den Beystand der Gesetze
nicht hofen kann. Allein auch die so genannten
unvermuthete Begegnungen Rencontre wenn ihnen die Gesetze zu viel erlauben, geben Unter-
schleif den Zweykampfen. Man zugestehe nun
einem oder dem andern zu viel, so werden alle
auch gewaltthätigsten Mordthaten entweder für
Zweykämpfe oder für Rencontre ausgegeben
werden.

mit einer Geldbuſſe beſtrafet werden.
Wer ſich mit fremden Gütern hat bereichern wollen, kann der ſeinigen beraubet werden. Allein Geldſtrafen würden öfters einer unſchuldigen Familie
das Brod nehmen, und würden vielleicht, durch Vermehrung der Anzahl
der Dürftigen, die Diebſtähle vervielfältigen. Es wird überdem dieß Verbrechen gemeiniglich von armen Leuten
und ſolchen unglückſeligen begangen,
welchen das Eigenthums recht (ein er-
ſchreckliches Recht, und das vielleicht
nicht nothwendig iſt,) nichts, als die
bloſſe Exiſtenz übrig gelaſſen hat. Die
natürlichſte Strafe des Diebſtahls kann
keine andere ſeyn, als diejenige Art der
Sklaverey, die man allein gerecht nennen kann, das iſt, die Sklaverey,
welche die Geſellſchaft zur unumſchränk-
ten Beherrſcherin der Perſon und Arbeit des Schuldigen macht, damit er
durch dieſe Abhängigkeit den ungerech-
ten Deſpotismum, den er ſich über
fremde Güter angemaſſet hat, und die
dem geſellſchaftlichen Vertrage zuge-

M 3   fügte

fügte Beleidigung wieder gut machen
möge.

Ist der Diebstahl mit Gewaltthätigkeit vergesellschaftet, so muß man bey
der Bestrafung die Sklaverey mit Leibesstrafen verbinden. Andere Schriftsteller haben die Unanständigkeiten gezeigt, die daraus entstehen, wenn man
zwischen der Bestrafung sinnreicher und
listiger Diebstähle, und solcher, die
mit Gewaltthätigkeiten verknüpft sind,
keinen Unterschied macht, und das Leben eines Menschen mit einer gewissen
Summe Geldes ungereimterweise vergleicht. Diese Dinge sind ganz von
verschiedener Natur; und es ist in der
Staatskunst eben so gewiß, als in der
Mathematik, daß unter Eigenschaften
von verschiedener Art ein Unterschied
sey, der bis ins unendliche fortgehet.
Man hat alles dieses schon vor mir gesagt. Allein es ist nicht überflüßig,
Wahrheiten zu wiederholen, die man
bisher noch nicht genutzet hat. Staats-
körper behalten länger als andre Dinge
die Bewegung, die man ihnen mitge-
theilt hat. Man kann sie aber weit
schwe-

schwerer und langsamer in eine neue Bewegung setzen.

§. XXXI.

Vom Schleichhandel und Con-
traband.

Der Schleichhandel oder Handel mit
verbotenen Waaren ist ein wahr-
haftes Verbrechen gegen den Regenten
und gegen die Nation: allein die darauf
gesetzte Strafe sollte nicht verunehren;
weil dieß Verbrechen, nach der öffentlichen Denkungsart, denjenigen nicht
unehrlich macht, der es begeht. Allein
warum zieht dieß Verbrechen, welches
ein an dem Fürsten und folglich an der
Nation begangener Diebstahl ist, nicht
die Unehrlichkeit als eine Folge nach
sich? Ich antworte: Verbrechen, von
welchen die Menschen glauben, daß sie
ihnen nicht schaden können, sind ihnen
nicht so wichtig, daß sie den Unwillen
des Publici erregen sollten. Von dieser
Art ist der Handel mit verbotenen
Waaren. Die Menschen, auf welche

M 4   die

die entfernten Folgen einer Handlung
nur sehr schwache Eindrücke machen,
sehen den Schaden nicht ein, den ihnen
der Handel mit verbotenen Waaren
bringt, woraus sie sogar bisweilen ei=
nigen gegenwärtigen Vortheil ziehen.
Sie sehen nur das Böse, das dem Re=
genten daraus entsteht. Ihr In=
teresse erfordert es also nicht, daß sie
ihre Hochachtung einem Schleichhand=
ler versagen, wie einem, der einen
Diebstahl begeht, oder eine Verfäl=
schung macht; Verbrechen, deren
schädliche Wirkung jedermann empfind=
lich ist. Dieses ist dem Grundsatze ge=
mäß, daß ein sinnliches Geschöpf sich
nur um dasjenige Uebel bekümmere,
welches schon bekannt ist.

Dieses Verbrechen hat sein Daseyn
dem Gesetze selbst zu danken; denn je
grösser die Abgaben sind, desto grösser
ist auch der Vortheil bey einem Schleich=
handel; und desto stärker ist folglich
die Versuchung; eine Versuchung,
welche noch durch die Leichtigkeit, das
Verbrechen zu begehen, vergrössert
wird, wenn der Umkreis der Gränzen,
die

die man hüttet, von grösserer Weit-
läuftigkeit, und die verbotene, oder mit
Auflagen beschwerte Waare von kleine-
ren Umfang ist. Der Verlust der verbotenen und anderer dabey befindlichen
Waaren ist höchst gerecht. Allein, er
wird von desto grösserer Wirkung seyn,
je geringer die Abgabe ist; weil die
Menschen nur nach Maaßgebung des
Gewinnstes wagen, den ihnen ein glücklicher Ausgang verschaffen kann.

Muß man aber das Verbrechen
desjenigen, welcher nichts zu verlieren
hat, ungestraft hingehen lassen? keinesweges. Es giebt gewisse Arten ver-
botener Waaren, welche in Absicht auf
die Natur des Tributs, dieses wesent-
lichen und sehr schweren Theils der Gesetzverfassung, so ungemein nichtig sind,
daß dergleichen Verbrechen, die här-
teste Strafe, wie zum Exempel, das
Gefängniß, und die Sklaverey selbst
verdienen; aber ein Gefängniß, und
eine Sklaverey, die der Natur des
Verbrechens angemässen sind. Es
muß zum Exempel, einer der mit Ta-
back eine verbotene Handlung getrieben,

M 5 nicht

nicht mit einem Mörder oder
rauber in einerley   ängniß
ret   en; und die schicklich
scheinet diese zu   , wenn
des Verbrechers der Scha
die er zu be   suchte,
      mf.

§. XXXII.

Von   querotten.

Die   othw   in Vertr
      Treue u   tben zu
und die Sicherheit der Handl
binden einen   eber, den
gern Mittel an die Hand
wie sie von ihren Schuldnern
lung erhalten mögen. Alle
hierbey no   g, den betrüger
Banquero ier von dem   z
unterscheiden.   erst
mit der Strafe belegen, die
fal   Münzer zuerkennen

* deme Herr   rfasser eines vorsetzlichen Ba
querouttier in der Bestrafung e nein falschen
      Münzer

weil es kein grösseres Verbrechen ist,
ein Stück gemünztes Metall, welches
ein Pfand der bürgerlichen Verbindung
unter einander ist, als eine Verschrei-
bung selbst, zu verfälschen. Allein mit
einem Banquerottirer, welcher deutlich
beweisen kann, daß die Unredlichkeit
seiner eigenen Schuldner, oder ihr
Verlust, oder Unglücksfälle, welche
oft auch ohnerachtet der äussersten
menschlichen Klugheit unvermeidlich
sind, ihn seiner Güter beraubet haben,
muß man nicht mit gleicher Strenge
verfahren. Welch einen unmenschlichen Beweggrund müßte man ersinnen
einen

Münzer gleichhalten will, so setzet er zum voraus, daß das Verfälschen der Münzen nicht mit
der nämlichen Strafe, als das Verbrechen der
beleidigten Majestät, bestrafet wird, wie solches
aus dem 26sten §. zu ersehen ist. Denn es ist nur
zufälliger Weise in einigen Staaten geschehen,
daß man die Gewährleistung für das richtige Verhältniß des Schrott und Korns bey der Münze zu
einem Oberherrlichen Recht gemacht hat. Den
Menschen liegt eben so viel daran, daß keine
Wechselbriefe nachgemacht werden, und dennoch
hat man eine dergleichen Verfälschung von dem
Verbrechen der beleidigten Majestät in der Bestrafung unterschieden.

einen solchen Mann in das Gefängniß
zu werfen? warum soll man ihn seiner
Freyheit berauben, da ihm doch dieses
einzige Gut noch übrig bleibet? warum
soll man ihm jene Strafen auflegen,
die nur den Missethätern gebühren?
oder soll man ihn dahin bringen, daß
er seine Rechtschaffenheit bereuet? Er
lebte ruhig bey seiner Unschuld unter
dem Schutze der Gesetze: hat er gleich
jenes Gesetz verletzet, welches bey den
Verträgen Treu und Glauben zu halten befiehlt, so war es doch nicht seine
Schuld. Dergleichen allzustrenge Gesetze haben nur geitzige Reiche aufge-
bracht, und die Arme deswegen angenommen, weil sie von jener Hofnung
getäuschet worden, die in dem Herzen
des Menschen ihren Sitz hat, und
demselben als glaublich vorstellt, daß
die unglücklichen Zufälle andere, ihn
aber nur glückliche treffen werden. Die
Menschen, da sie sich ihren ersten Eindrücken überlassen, lieben die grausamen Gesetze, wiewohl sie selbst ihnen
unterworfen sind, und eines jeden besonderer Vortheil milde Gesetze erfordert,

weil

weil die Furcht von andern beleidiget
zu werden, stärker ist, als die Begierde
zu schaden.

Gehen wir nun zu dem unglücklichen, aber weder treulosen noch vorsetzlichen Banquerottirer zurück; man halte
seine Schulden für unauslöschlich, wenn
sie nicht bis auf den letzten Heller be-
zahlet werden; man vergönne ihm nicht
seine Person der Verbindlichkeit, womit er seinen Glaubigern verhaftet ist,
ohne ihrer aller Einwilligung zu entziehen; man versage ihm die Freyheit, sich
in einen andern Staat zu begeben, und
die Wirksamkeit seines Fleißes allda anzuwenden; man zwinge ihn seine Leibes-
und Seelenkräfte anzustrengen, damit
er sich wiederum in den Stand setze, seine Glaubiger zu befriedigen; aber niemals wird man eine gründliche Beweg-
ursache aufzubringen im Stande seyn,
ein Gesetz damit zu rechtfertigen, wodurch ein solcher Mann seine Freyheit,
ohne daß es zum Vortheil seiner Glaubiger gereicht, verlustig erkläret wird.

Man wird vielleicht sagen, daß
Gefängniß sey ein Mittel, den Ban-

que-

querottirer zu zwingen, daß er die Be-
trügereyen entdecke, die er in einem an-
geblich gezwungenen Banquerott begangen hat. Allein diese angebliche Nutzbarkeit der Strafe des Gefängnisses
wird fast niemals statt finden, wenn
man zum voraussetzt, daß man, wie
sichs gebührt, die Aufführung und Angelegenheiten des Beklagten strenge un-
tersucht hat.

Macht man nun den Einwurf, es
seye sehr schwer zu bestimmen, ob der
Fallit sich der Betrügerey schuldig gemacht habe, oder nicht? so gebe ich zur
Antwort, daß selbst diese Schwierigkeit mich zu glauben veranlasse, daß
kein grosser Schaden daraus erwachse,
wenn man seine Betrügerey unbestraft
lasset. Meiner Meynung nach ist es
eine Maxime der Gesetzverfassung, daß
die Wichtigkeit der politischen Ungelegenheiten, die aus der Straflosigkeit eines Verbrechens entstehen, nach dem
rechten Verhältnisse des Schadens, welchen das Verbrechen der Gesellschaft
verursacht, und nach dem umgekehrten
Verhältnisse der Schwierigkeit, die man
fin-

findet, es unumstößlich zu beweisen berechnet werden solle. Man führt ferner die Nothwendigkeit das Eigenthum der Güter, welches heilig seyn muß, in Sicherheit zu setzen, und das Interesse der Handlung an. Das Interesse der Handlung, und das Eigenthum der Güter sind keineswegs der Zweck gesellschaftlicher Verträge, sondern nur Mittel, zu diesem Zwecke zu gelangen; und wenn man alle Glieder der Gesellschaft grausamen Gesetzen unterwerfen wollte, um sie vor den Ungelegenheiten zu verwahren, die nur Folgen der unendlichen Verbindungen und Verträge sind, die aus dem gegenwärtigen Zustand politischer Gesellschaften entstehen, so würde man den Endzweck den Mitteln nachsetzen; ein falscher Schluß in allen Wissenschaften und vornehmlich in der Staatskunst. *

Mich

* Ich selbst habe diesen Fehler in den vorherigen Auflagen begangen, da ich behauptete, daß der unschuldige Banqueruottirer gleichsam als ein Unterpfand für seine Schulden verhaftet, und wie ein Knecht zur Arbeit, auf Abrechnung für seine Glaubiger, angehalten werden solle. Ich schäme mich dieser grausamen Meynung das Wort gespro-

Mich deucht, man könnte einen Un=
terschied machen, zwischen einem Betrug,
den gehäßige Umstände begleiten, und
einem schweren Fehler ; zwischen einem
schweren und einem leichten Fehler, und
endlich zwischen diesen letztern und einer
gänzlichen Unschuld : im ersten Falle soll=
te der Schuldige mit jenen Strafen be=
leget werden , die auf das Laster der
Verfälschung geschlagen sind; im zwey=
ten, mit geringern Strafen und dem
Verluste der Freyheit ; im Fall einer
gänzlichen Unschuld , sollte man dem
Schuldner die freye Wahl lassen, was
er für Mittel ergreifen wollte , sich in
den Stand zu setzen, seine Glaubiger zu
befriedigen ; im Fall endlich eines leich=
ten Fehlers von Seiten des Schuld=
ners, sollten die Glaubiger das Recht
haben , ihm dergleichen Mittel vorzu=
schreiben.   Hingegen müßte der Unter=
schied zwischen einen schweren und leich=
ten

sprochen zu haben. Man hat mich der Gottlosig=
keit beschuldiget, und ich verdiente es nicht ; man
hat mich als einen aufrührischen Geist abgeschildert,
und man that mir Unrecht ; ich habe aber die
Rechte der Menschlichkeit verletzet, und niemand
hat mir hierüber den geringsten Vorwurf gemacht,

ten Fehler durch das Geſetz, welches
allein unpartheyiſch iſt, nicht aber durch
eine willkürliche und immer gefährliche
Weisheit der Obrigkeit beſtimmet werden.

Ein vorſichtiger Geſetzgeber könnte
den größten Theil betrüglicher Banque-
routten verhindern, und zugleich Hülfsmittel für jene Zufälle zubereiten, die einem auch fleißigſten und Treu und Glauben haltenden Manne begegnen können.
Ein öffentliches wohleingerichtetes Re-
giſterbuch aller Contracte, deſſen Ein-
ſicht jedem Bürger frey ſtunde, eine
Bank, welche durch eine auf alle Han-
delsleute weislich vertheilte Beyſteurung
errichtet würde, und woraus erklecli-
che Summen zur Unterſtützung des unglücklichen Fleißes gezogen werden könnten, und anderer dergleichen gemeinnü-
tzige Veranſtaltungen könnten getroffen
werden, die zugleich ungemein vortheil-
haft und mit keiner wirklichen Unbe-
quemlichkeit verknüpfet ſind. Aber un-
glücklicher Weiſe bleiben jene leichte, ein-
förmige, erhabene Geſetze, die nur eines
Winkes von dem Geſetzgeber zu ihrem

N   Da-

Daſeyn bedürfen , ie a
thum, Kr Glückſel
Völker ve , und d
, der ſie Stande b
indungen d feurig
t von einer ganzen
würden ; entw
oder ſie werden wohl g
ß Un
Kleini , ei
gen blick
, Mißtrauen
nützlichſten Neu
der Gemüthsc
ie Handlungen
und zuſammeno

§. XXXIII.

Von Verbrechen , die die
liche Ruhe und Si he
n.

Endlich gehören u die
Verbr beſonders
öffentliche ſowohl ,

einzelner Bürger stören; dergleichen
sind die lärmenden Ausschweifungen
des muthwilligen Pöbels auf Straßen,
welche dem Handel und Wandel der
Bürger gewidmet sind, dergleichen
sind auch schwärmerische Reden, wo=
durch bey dem fürwitzigen grossen Hau=
fen leichtsinnige Gemüthsbewegungen
erreget werden, worinn dem kurzsichti=
gen Pöbel der Muth, den schon die
Menge der Mitschuldigen und Betro=
genen selbst einflößet, noch mehr aber
jener dunkle und geheimnißvolle Geist
der Schwärmerey bestärket. Verge=
bens erhebt dagegen ihre Stimme eine
geläuterte und gelassene Vernunft,
welche auf einen grossen Haufen Men=
schen zu wirken nicht vermögend ist.

Die zu nächtlicher Zeit auf öffent=
liche Unkösten veranstaltete Beleuchtung
der Straßen in den Städten, die in
verschiedene Quartiere einer Stadt ver=
theilte Wachen, die der Stille und ge=
heiligten Ruhe der Tempel, welche
das öffentliche Ansehen schützet, einzig
und allein vorbehaltene sittliche und
einfältige Belehrungen über die Reli=

N 2   gion,

gion, die Gewohnheit jene öffentliche
sowohl als besondere die gemeinschaftliche Wohlfart betreffende Versamlungen und Berathschlagungen nur in
der Haupt- und Residenz-Stadt des
Regenten zu halten, sind lauter wirk-
same Mittel den gefährlichen Gährun-
gen der Leidenschaften des Pöbels zuvorzukommen. Diese Dinge machen
einen Hauptgegenstand für die Wach-
samkeit der Obrigkeit aus, die man die
Polizey nennet. Würde aber eine dergleichen Obrigkeit nur nach willkühr-
lichen Gesetzen handeln, wovon man
keine Samlung hätte, und die nicht
allen und jeden Bürgern vollkommen
bekannt wären, so würde man der Tyrannen, die ohne Unterlaß den Zaum
der politischen Freyheit durchzubrechen
sucht, Thor und Thüre eröffnen. Ich
finde bey diesem Grundsatze keine Aus-
nahme: jedweder Bürger muß wissen,
in welchem Fall er unglücklich ist.
Sind Sittenrichter, und willkürliche
Magistratspersonen in einigen Staats-
verfassungen nothwendig, so zeigt dieses schon ihre Schwäche und schlechte
Ein-

Einrichtung. Die Ungewißheit deſſen, was einem ebenfalls begegnen könnte, hat der verdeckten Tyranney mehr Schlachtopfer dargebracht, als eine öffentliche und jedermann in die Augen fallende Grauſamkeit, wodurch die Ge- müther der Menſchen vielmehr aufge- wiegelt als niedergeſchlagen werden. Ein wahrer Tirann ſucht Anfangs das Vorurtheil auf ſeine Seiten zu leiten, und dadurch den Muth und Herzhaf- tigkeit zu ſchwächen, denn nur die Herzhaftigkeit allein hat der Tyrann zu fürchten, welche ſich aber entweder nur in dem Licht der Wahrheit oder aber mitten unter dem Feuer der Lei- denſchaften, oder nur damals hervor- thut, wenn die Gefahr nicht vorher- geſehen wird.

§. XXXIV.

Vom Müßiggange.

Weiſe Regierungen dulden niemals den politiſchen Müßiggang im Schooße der Arbeit und des Fleißes.

N 3   Der

Der politische Müßiggang aber ist bey mir derjenige, der zum Wohlstand der Gesellschaft weder durch die Arbeit, noch durch den Reichthum etwas beyträgt, der immer erwirbt, ohne jemals zu verlieren; der vom Pöbel mit einer dummen Bewunderung verehret wird, und in den Augen des Weisen ein Gegenstand der Verachtung ist; der ohne jene heilsame Triebfeder eines fleißigen und arbeitsamen Lebens zu kennen, den Leidenschaften des Vorurtheils um nur die Nothwendigkeiten und Bequemlichkeiten des Lebens, zu erhalten, vollen Ziegel schießen läßt. Gewisse Großsprecher haben den Müßiggang der Reichen, welcher ein Erfolg und Wirkung der Emsigkeit ist, mit dem für die Gesellschaft so schädlichen Müßiggange vermenget. Nicht dieser großsprecherischen Tugend, sondern den Gesetzen stehet es zu, welcher der strafbare Müßiggang seye, zu bestimmen. Jenen Müßiggang nenne ich keinen politischen Müßiggang, welcher der Früchte der Laster oder der Tugenden seiner Vorfahren genüsset, welcher der fleißigen
gen

gen Armuth, für wirkliches Vergnügen, das er von ihr erhält, Brod und
das Daseyn giebt. Dieser Müßiggang,
ein Gegenstand des heimlichen Krieges
des Fleißes und der Reichthümer,
welcher anstatt des ungewissen und blu-
tigen Krieges offenbarer Gewalt gegen
Gewalt gefolgt ist, dieser sage ich, ist
nützlich, je nachdem sich die Gesellschaft
weiter ausbreitet, und die Regierungs-
form dem Menschen mehr Freyheit
läßt.

§. XXXV.
Von Selbstmorde.

Der Selbstmord ist ein Verbrechen,
welches dem Anschein nach mit
einer eigentlich sogenannten Strafe
nicht belegt werden kann, weil die
Strafe entweder nur einen unempfindlichen und leblosen Körper oder Unschuldige treffen würde. Im ersten
Fall macht sie keinen Eindruck auf die
Lebenden, so wie sie nichts dabey em-
pfunden würden, wenn sie sähen, daß
man einer Bildsäule Schläge gäbe;

N 4 im

im zweyten ist sie ungerecht und tiran-
nisch , weil da , wo die Strafen nicht
schlechterdings persöulich sind , keine
politische Freyheit statt findet.   Die
Gegenstände , welche das menschliche
Leben umgeben reizen den Menschen zu
sehr , und verursachen , daß er das
Leben nur gar zu sehr liebet ; das rei-
zende Schattenbild des Vergnügens,
und die Hofnung des besseren , dieser
angenehme Irrthum , welcher den
Menschen durch die Mischung einiger
wenigen Tropfen vom Guten , die häu-
figen Mühseligkeiten des Lebens ange-
nehm macht , nehmen den Menschen
durch ihre verführerische Kraft zu sehr
ein , als daß man fürchten sollte ; die
Straflosigkeit würde zu Vervielfälti-
gung der Selbstmorde einen Anlaß
geben) Man gehorcht den Gesetzen,
aus Furcht vor dem Schmerzen ; allein
der Tod hebt alle Empfindlichkeit auf.
Was für ein Beweggrund wird sich
demnach finden , welcher der verzweif-
lungsvollen Hand des Selbstmörders
Einhalt thun könnte?.

Einer der sich selbst tödtet, fügt der Gesellschaft geringern Schaden zu als ein anderer, welcher die Gränzen des politischen Staats verläßt; weil jener seinem Lande sogar seinen Körper läßt; dieser aber, wenn er sich hinweg begiebt, gemeiniglich einen Theil seiner Güter mitnimmt. Ja dieß geht noch weiter: da die Stärke eines Staats auf einer zahlreichen Bevölkerung beruhet, so verursacht derjenige, welcher ein Volk verläßt, um sich zu dem andern zu begeben, der Gesellschaft einen doppelt so grossen Verlust, als ihm der Selbstmörder zufüget. Die Frage lauft also dahinaus, ob es der Gesellschaft nützlich oder schädlich sey, einem jedwedem Bürger die Freyheit nach seinem Belieben auszuwandern zu verstatten.

Ein Gesetz, welches durch Gewalt nicht kann unterstützet werden, und welches die Beschaffenheit der Umstände unwirksam und eitel macht, sollte gar nicht kund gemacht werden. Das Vorurtheil, welches oft über die Vernunft herrschet, unterwirft sich dem langsamen und abseitigen Nachdruck, den der

N 5   Ge=

Gesetzgeber seinen Verordnungen zu geben weiß, aber es widerstehet einer offenbaren Gewalt und Stärke. Einige also unbrauchbar gewordene, und verworfene Gesetze, machen die anderen auch heilsamsten Gesetze verächtlich, und man fängt an die Gesetze vielmehr als einige übersteigliche Hindernisse, nicht aber als einen Schutz der gemeinschaftlichen Wohlfart zu betrachten. Ja was noch mehr, da die Kräfte unserer Empfindungen eingeschränkt sind, so werden die Menschen, wenn man sie zwingen will, Gesetze hoch zu achten, die nicht aufs gemeine Beste gehen, desto weniger Hochachtung gegen diejenigen bezeugen, die wahrhaftig nützlich sind.

Aus diesem Grundsatze kann ein weiser Vorsteher der öffentlichen Glückseligkeit einige nützliche Folgen ziehen, mit deren Entwickelung ich mich nicht aufhalten will, damit ich mich nicht gar zu weit von meinem Gegenstande, nämlich von dem Beweise entferne, daß man aus einem Staate kein Gefängniß machen solle. Dergleichen Ge=

Geſetz iſt unnütz; denn woferne nicht unzugängliche Felſen, oder ein unſichtbares Meer ein Land von allen übrigen trennet, wie will man ſonſt alle Gränzen des Landes mit Wachen beſetzen; und wie will man die Wächter ſelbſt hüten? die Auswanderung iſt ein Verbrechen, ſoferne man es alſo nennen mag, welches man in dem Augenblicke, als es begangen wird, nicht mehr beſtrafen kann, und wollte man es eher beſtrafen, als es begangen wird, ſo würde man den Willen, und nicht die Handlungen der Menſchen beſtrafen; es wäre eben ſo viel, als wenn man über den Vorſatz, nämlich über jenen ſittlichen Theil des Menſchen, der außer dem Bezirke der menſchlichen Geſetzgebung iſt, gebieten wollte. Es iſt nicht möglich den Flüchtling durch Einziehung der Güter zu beſtrafen, weil dem Flüchtling es gar nicht ſchwer fallen würde, ſich der Strafe entweder durch ein Einverſtändniß mit ſeinem Nebenbürger, oder durch ein Fideicommiß, oder durch einen Wechſel zu entziehen; und allem dieſen iſt nicht möglich abzuhel-

helfen, ohne daß man entweder der
Freyheit der Verträgen zu nahe tritt,
oder in Absicht auf die Handlung große Ungelegenheiten verursachet. Den
Schuldigen aber nach seiner Ruckkunft
zu bestrafen, wäre eben so viel, als
wenn man geflissentlich die Ruckkehr
eines verlohrnen Bürgers erschweren,
und folglich dem Staate alle Hofnung
den erlittenen Schaden herein zu bringen, abschneiden wollte. Das Verbot
selbst wider die Auswanderung vermehret die Begierde der Eingebohrnen, die
Auswanderung zu versuchen, und ist für
den Fremdling eine Warnung, sich niemals in einem solchen Lande niederzu-
lassen.

Was müssen wir von einer solchen
Staatsverfassung gedenken, welche,
um die Insaßen, die an ihrem Vaterlande schon durch die ersten Eindrücke
der Kindheit natürlicher Weise ange-
heftet sind, allda zu erhalten kein anderes Mittel übrig hat, als die Furcht?
das zuversichtlichste Mittel die Bürger
im Vaterlande zu erhalten, bestehet
darinn, daß man jedem Unterthanen
den

den Aufenthalt, so viel als möglich, an-
genehm mache, und genugsame Nahrung verschaffe. Wie jedweder Staat
sich Mühe geben muß, daß das Gleichgewicht der Handlung sich auf seine
Seite neige, so ist auch einem Volke
außerordentlich viel daran gelegen, daß
die Summe der Glückseligkeit bey selbigen größer seye, als bey den benachbar-
ten Nationen. Die Ergötzlichkeiten des
Prachts sind noch nicht das einzige Mittel Bürger glücklich zu machen, sie verhindern nur, daß der Reichthum nicht
einigen wenigen in Händen bleibe, und
jener oft fürchterlichen Ungleichheit des
Reichthums unter den Bürgern Schranken setze, die eben so zu zunehmen pfle-
get, als sich der Staat ausbreitet. *

Die

* Wenn die Weitläufigkeit eines Landes nach einem
größern Verhältnisse zunimmt, als die Bevölkerung,
so thut die Verschwendung der unumschränkten Gewalt sehr vielen Vorschub, weil der Fleiß desto geringer ist, je zerstreuter die Menschen leben. Je
geringer aber der Fleiß ist, desto mehr hängen die
Armen von den Reichen ab, wegen ihrer Pracht,
von welcher sie leben. Die Vereinigung der
Schwachen gegen die Unterdrücker ist als ann weit
schwerer, und diese dürfen sich nicht so sehr davor
für-

Die Ergötzlichkeiten des Prachts haben das unbequeme an sich, daß obgleich sie vielen Unterhändlern im Handel und Tausch, Beschäftigung, Ver-
dienst und Nahrung verschaffen, sie
dennoch von einer geringen Anzahl der
Men-

fürchten. Mächtige und reiche Leute erlangen
weit leichter Unterscheidungszeichen, Hochachtung
und Dienste; welche Dinge insgesamt den Abstand
des stärkern von dem schwächern weit merklicher
machen, weil die Menschen desto unabhängiger
sind, je mehr sich ihrer an einem Orte beysam-
men befinden. Wenn im Gegentheil die Bevölkerung in Absicht auf die Weitläufigkeit des politischen Staats sehr groß ist, so dient die Verschwendung gleichsam zu einem Damm, gegen die
unumschränkte Gewalt; weil sie den Fleiß, und
die Arbeitsamkeit der Menschen beseelet, und weil
die Arbeit des Armen dem reichen gar zu viel vergnügen darbietet, als daß sie sich einer pralerischen
Art von Pracht überlassen, die unter den geringern die Meynung von ihrer Abhängigkeit verbreiten sollten. Man sieht es in weitläufigen, schwachen, und entvölkerten Staaten, daß aus vor
angegebener Ursach, wenn sonst nichts anders dar-
zwischen kommt, der Pracht, so eine Unterscheidungssucht zur Triebfeder hat, weit stärker seyn
wird, als jener, dem man sich aus Liebe zur Bequemlichkeit ergiebt. Allein, in Ländern, die
vielmehr volkreich als weitläufig sind, verringert
die sich vielmehr auf Bequemlichkeit beziehende
Verschwendung beständig jene Art vom Pracht,
wobey die Triebfeder die Unterscheidungssucht ist.

Menschen herkommen, und auch letztlich
nur unter wenige Hände vertheilet werden, da indessen die übrigen nur einen
ganz geringen Antheil davon genießen,
und die Empfindung ihres Elends jederzeit beybehalten. Allein da diese Empfindung nicht so sehr eine Wirkung eines wahrhaften Uebels ist, als vielmehr
nur eine Folge, die aus dem Vergleich
des Schicksals zweyer Mitbürger entstehet, so würden diese Ergötzlichkeiten
des Prachts, die sonst ein Werkzeug
der Tranney seyn könnten in einem
Staate, wo Sicherheit und Freyheit
ist, die Bevölkerung ungemein begünstigen. Gleich wie die Liebe zur Freyheit die muthigsten Thiere, und die
freyen Bewohner der Luft, in unzu-
gänglichen, und einsamen Wäldern zurück hält, und sie bewegt, fruchtbare
und lachende Fluren, in welchen der
Mensch, ihr Feind, ihnen allenthalben
Netze stellet, zu verlassen; so meiden die
Menschen sogar das Vergnügen, das
ihnen die Hand der Tranney anbeut.

Ist es demnach bewiesen, daß ein
Gesetz, welches die Bürger in ihrem
Lan-

Lande gefangen hält, unnütz und unge=
recht ist ; so muß man von einem Ge=
setze, das eine Strafe auf den Selbst=
mord setzt, ein gleiches Urtheil fällen.
Es ist ein Verbrechen vor GOtt, das
er nach dem Tode bestraft, weil er al=
lein auf diese Weise strafen kann. Allein
der Selbstmord ist kein Verbrechen bey
den Menschen, weil die Strafe, anstatt
den Schuldigen zu treffen, seine unschul=
dige Familie trift.   Macht man mir
den Einwurf, es könne diese Strafe den
entschlossensten Menschen abhalten, sich
selbst zu tödten ; so antworte ich, der=
jenige, welcher der Süßigkeit des Le=
bens ganz gelassen entsaget, welcher einen
so starken Haß gegen sein Daseyn heget,
daß er der Vorstellung einer unglückli=
chen Ewigkeit Trotz bieten kann, wird
er sich wohl durch weit schwächere,
und weit entferntere Betrachtungen ei=
nen Einhalt thun lassen ?

§. XXXVI.

Von einigen Verbrechen, die schwer zu beweisen sind.

Es giebt einige Verbrechen, die sehr häufig in der Gesellschaft vorkommen, und zugleich schwer zu beweisen sind, als zum Exempel der Ehebruch, die Knabenschänderey, und der Kindermord.

Der Ehebruch ist ein Verbrechen, welches, wenn man es politisch betrachtet, zwo Ursachen hat, nämlich schlechte Gesetze, und den mächtigen Hang, welchen ein Geschlecht zu dem andern empfindet. *

O   Hät=

* Dieser Trieb gleichet in vielen der Schwere, wodurch die ganze Natur in Bewegung gesetzet wird. Dean beyde vermindern sich durch die Entfernung, und gleich wie die eine alle Bewegungen der körperlichen Dinge leitet, eben so ist die andere eine Triebfeder, welche während ihrer Spannung fast alle Bewegungen des menschlichen Gemüths zu bilden vermag: sie unterscheiden sich aber darinn, daß die Schwere sich mit den Hindernissen in ein Gleichgewicht setzet, wohingegen besagter Trieb meistentheils mittels der Hindernisse selbst mehr hervorbricht, ja mehr Kraft und Lebhaftigkeit gewinnt.

Hätte ich mit Völkern zu reden, denen das Licht der Religion annoch fehlt, so würde ich sagen, daß zwischen dieser Art von Verbrechen, und allen andern ein wichtiger Unterschied sey. Der Ehebruch entstehet aus dem Mißbrauche eines immerwährenden Bedürfnisses, das der menschlichen Natur allgemein ist, eines Bedürfnisses, das ehe war, als die Gesellschaft, worzu es sogar den Grund gelegt hat; dahingegen andere Verbrechen, die den Untergang der Gesellschaft befördern, aus den Leidenschaften der gegenwärtigen Zeit ihren Ursprung haben. Diejenigen, die mit der Geschichte und Natur des Menschen bekannt sind, muthmassen, daß unter einer Himmelsgegend dieß Bedürfniß sich in gleicher und beständiger Maaß erhält. Wäre dieses wahr, so müßte man alle Gesetze und Gewohnheiten, die die Wirkung dieser Leidenschaft zu mäßigen suchen, als unnütz, ja gar als schädlich ansehen: weil diese Gesetze einem Theile der Gesellschaft dessen eigene Bedürfnisse, und die Bedürfnisse einer andern Klasse von Bürgern

gern aufbürden würden. Diejenigen
hingegen würden weise und nützlich
seyn, welche, so zu reden, dem sanften
Ablauf des Flusses folgen, und ihn in
seinem Laufe in verschiedene Aerme zer-
theilen würden, die hinlänglich wären, allenthalben der Ueberschwemmung und der
Dürre vorzubeugen. Die eheliche Treue
ist jederzeit grösser, nachdem die Ehen
zahlreicher und leichter sind. Wenn sie
das Vorurtheil errichtet, und die vä-
terliche Gewalt sie nach Gefallen stiftet,
und hindert, so zerreißen die Liebes-
händel heimlich ihre Bande, so sehr
auch die pöbelhafte Sittenlehrer, die
nur über die Wirkungen schmälen ohne
auf die Quelle und Ursach zurück zu
gehen, darwider predigen mögen. Allein alle diese Betrachtungen sind denen
unnütz, die in der wahren Religion
leben, deren Wirkung die Wirkungen
der Natur bessert.

Der Ehebruch ist ein so flüchtiges,
so geheimnißvolles, und unter einem,
selbst von den Gesetzen darüber gedeckten
Schleyer verborgenes Verbrechen, unter einem Schleyer der nothwendig aber

O 2   durch-

durchsichtig ist, und der statt das Laster
seltner zu machen vielmehr die Reizun-
gen desselben vermehret. Die Gesetzgebende Gewalt sollte sich also viel ge-
schäftiger erweisen um es zu verhindern,
als um es nachdem es geschehen ist, zu
bedrücken. Allgemeine Regel. Bey
allen Verbrechen, die ihrer Natur nach
öfters und nothwendig ungestraft bleiben müssen, ist die Strafe ein neuer
Reiz zum Verbrechen. Die Natur
des menschlichen Verstandes ist so
beschaffen, daß Schwierigkeiten,
welche leicht zu höben, und im Vergleich gegen die Wirksamkeit eines
einzelnen Menschen nicht zu groß
sind, einen Gegenstand nur verschönern,
und die Einbildungskraft, demselben
nachzutrachten, noch lebhafter reizen.
Diese Schwierigkeiten sind, so zu reden, eben so viel Schlagbäume, welche
die Einbildungskraft hindern davon
abzuweichen, und auf alle mögliche
Weis alle Verhältnisse derselben durch-
zugehen. Nun hält sich die Seele in
dieser Bewegung weit stärker an die angenehme Seite des Gegenstandes,
                                                wozu

wozu sie von Natur geneigter ist, als
an die unangenehme Seite, von welcher
sie sich, soviel als möglich ist, ent=
fernet.

Die von den Gesetzen so sehr be=
strafte Knabenschänderey, in Ansehung
welcher man die Beschuldigten ganz
leicht, der auch über die Unschuld sie=
genden Peinigung unterwirft, gründet
sich nicht in den Bedürfnissen eines
einsamen und freyen, sondern in den
Leidenschaften eines in der Gesellschaft
sklavisch lebenden Menschen. Sie kömt
nicht von der eckelhaften Ersättigung
an Gelüsten, sondern vielmehr von den
Fehlern jener Erziehungsart, die, um
die Menschen für andere Nebenmenschen
unbrauchbar und unnütz zu machen,
sie für sich selbst unnütz und unbrauch=
bar zu machen anfängt. Sie entstehet
in solchen Häusern, wo man eine feue=
rige Jugend dergestalten zusammen=
drängt, daß, nachdeme der Umgang
mit dem anderen Geschlechte untersagt
ist, die ganze Lebhaftigkeit der Natur
sich entwickeln, und das elende Alter

D 3   noch

noch vor Ankunft der Jahren herbey
eilen muß.

Der Kindermord ist gleichfalls
eine Wirkung der erschrecklichen Um-
stånde, in welchen sich eine Person befindet, die sich hat verführen, oder
mit Gewalt schwächen lassen. Da sie
gezwungen ist, zwischen ihrer eigenen
Schande, und dem Tode eines Ge-
schöpfes das den Verlust des Lebens
zu empfinden unfähig ist, eine Wahl
anzustellen, wie sollte sie denn nicht
das letztere wählen, um ihre eigne,
und ihres unglücklichen Kindes Schande zu vermeiden? das beste Mittel diesem Verbrechen vorzubeugen würde
vielleicht darinnen bestehen, wenn man
die Schwachheit gegen eine gewisse Art
der Tyranney kräftig beschützte, die
alle Laster vergrößert, welche man nicht
mit dem Mantel der Tugend bedecken
kann.

Es ist meine Absicht nicht, den ge-
rechten Abscheu, welchen man gegen
dergleichen Verbrechen hat, zu schwächen, sondern nur ihre Quellen anzuzeigen; und ich glaube berechtiget zu
seyn,

seyn, diesen allgemeinen Grundsatz vor=
zutragen, daß man die Bestrafung ei=
nes Verbrechens weder gerecht, weder
(welches einerley ist) nothwendig nen=
nen kann, so lange das Gesetz zu Ver=
hütung der Lastern, nicht die besten
möglichsten Mitteln in Absicht auf jene
Umstände angewendet hat, in denen
sich eine Nation wirklich befindet.

§. XXXVII.

Von einer besondern Art von Verbrechen.

Diejenigen, welche diese Schrift lesen,
werden ohne Zweifel bemerken,
daß ich von einer Art Verbrechen nicht
geredet habe, welche Europa mit Blut
überschwemmet, und die traurigen
Scheiterhaufen angezündet hat, wo
lebendige Menschen, die den Flammen
zur Nahrung dienen mußten, und ein
gedämpftes Winseln, das mitten aus
einem Wirbel von Rauch hervor kam,
den Augen eines fanatischen Haufens
zu einem angenehmen Schauspiel dien=

D 4   ten,

ten, und seinen Ohren eine sanfte Har=
monie war. Allein verständige Leser
werden einsehen, daß die Umstände des
Orts und der Zeiten, in welchen ich
lebe, und die Materie, von welcher ich
handle, mir nicht erlaubt haben, die
Natur dieses Verbrechens zu unter=
suchen. Ich würde mich von meinen
Gegenstande zu weit entfernen, und
eine gar zu langwierige Arbeit unter=
nehmen, wenn ich auch gegen die Bey=
spiele so vieler Völker, dennoch die
Nothwendigkeit einer durchgängig
gleichförmigen Gesinnung in Glaubens=
Sachen beweisen, und wenn ich be=
greiflich machen wollte, wie die ver=
schiedene Glaubensbekänntnisse, zwi=
schen welchen man doch nur einen subti=
len und weit über die Fähigkeit des
menschlichen Verstandes erhabenen Un=
terschied angeben kann, gleichwohl die
öffentliche Ruhe stören können, beson=
ders wenn man die eine billiget, und
die andere verwirft; wie es endlich ei=
nige unter diesen Meynungen giebt,
die sich durch ihre Gährung in dem
Gemüthe von selbsten aufklären, und

durch

durch ein wechselseitiges Widerstreben
und Streit alle Irrthümer vernichten,
und die Wahrheit allein empor bringen,
da indessen andere wankende und unbe-
ständige Meynungen durch die Macht
und das Ansehen unterstützet werden
müssen. Wenn ich endlich darzeugen
wollte, daß der Gewissenszwang, besonders wenn er mit Gewalt über die
Gemüther ausgeübt wird, nichts als
Verstellung, Heucheley, und Niederträchtigkeit hervorbringt; das sage ich,
dieser Gewissenszwang dennoch nothwendig und unvermeidlich seye, so sehr
er auch jener brüderlichen Liebe, die
uns theils durch die Vernunft selbst,
theils durch das verehrungswürdigste
Ansehen der Religion vorgeschrieben
wird, widerstrebet. Man muß glauben
daß alle diese unwahrscheinliche Sätze
deutlich bewiesen sind, und mit der
Wohlfart der ganzen Menschlichkeit
übereinstimmen, wenn es eine gewisse
rechtmäßige und dafür anerkannte Gewalt und Ansehen giebt, welche alles
dieses ausübet. Was mich betrift so
rede ich nur von solchen Verbrechen,
die

die entweder den Menschen im natür=
lichen Zustand, oder die Verletzung
des bürgerlichen Vertrags betreffen,
ohne mich auf die eigentlich sogenannte
Sünden zu beziehen, denn auch nur die
zeitlichen Strafen der Sünden müssen
nicht nach den eingeschränkten Grund=
sätzen der menschlichen Weltweißheit,
sondern nach ganz anderen Grundsätzen
entworfen werden.

§. XXXVIII.

Von einigen allgemeinen Quellen der Irrthümer, und Ungerechtigkeiten bey der Gesetzgebung, vorzüglich aber von dem falschen Begrif der Nutzbarkeit.

Ich glaube, daß hier der Ort sey,
einige allgemeine Ursachen der
Grausamkeit und anderer Fehler der
peinlichen Gesetze zu entdecken. - Unter
diese Ursachen setze ich zuerst die falschen
Begriffe, welche sich die Gesetzgeber
von der Nutzbarkeit machen. Derjenige
hat

hat falſche Begriffe von der Nutzbarkeit,
welcher mehr Rechnung auf beſondere
Ungelegenheiten, als auf allgemeine
Macht, welcher anſtatt die Empfindungen zu leiten und zu ermuntern, denſelben befehlen will, und der ſich unter-
ſteht zur Vernunft zu ſagen: ſey eine
Sklavin. Derjenige hat falſche Begriffe von der Nutzbarkeit, welcher tauſend wahrhafte Vortheile der Furcht eines einzigen eingebildeten und unbeträchtlichen Nachtheils aufopfert, welcher die Menſchen des Feuers und des
Waſſers zu berauben wünſchet, weil
das erſtere Feuersbrünſte, das letztere
Ueberſchwemmungen und das Erſaufen
verurſachen kann, und welcher dem Uebel nicht anderſt als durch Vernichtung
des Ganzen abzuhelfen gedenket. Man
hat falſche Begriffe von der Nutzbarkeit,
wenn man einer Menge empfindenden
Weſen, die Symmetrie oder Ordnung
beybringen will, deren nur eine rohe
und leblose Materie fähig iſt; wenn
man gegenwärtige Beweggründe, die
einzigen, welche auf eine ſtarke und
dauerhafte Art auf die Menſchen wirken,

ken, nicht achtet, um entfernete Beweggründe zu gebrauchen, deren Eindruck,
wenn nicht eine nur wenigen Menschen
eigene Stärke der Einbildungskraft
durch nähere Vorstellung eines in der
That entfernten Gegenstandes zu Hülf
kommt, nur ganz schwach und flüchtig ist.
Endlich heiße ich es auch einen falschen
Begriff von der Nutzbarkeit, wenn man
die Sache der Benennung und dem
Wortspiele aufopfert, und das allgemeine Beste von dem besondern Wohl
aller Privatpersonen trennet.

Zwischen dem gesellschaftlichen
Stande, und dem Stande der Natur
ist dieser Unterschied, daß der wilde
Mensch andern niemals Schaden zu-
fügt, als in soferne es nothwendig für
ihm ist, andern seines eigenen Vortheils
wegen Schaden zu thun: allein der
Mensch, welcher in Gesellschaft lebet,
wird bisweilen durch Fehler der Gesetze
angetrieben, seinem Nächsten zu schaden, ohne daß für ihn daraus ein Vortheil entstehet. Ein despotischer Herr
flößet den Seelen seiner Sklaven Furcht
und Kleinmüthigkeit ein; aber diese

Klein-

Kleinmüthigkeit fallet auf ihn selbst zurück, und gereichet gar bald zu seinem eigenem Unglücke. Je einsamer, je einheimischer, so zu reden, die Furcht ist, desto weniger lauft derjenigen Gefahr dabey, dem daran gelegen ist eine solche Furcht einzuflössen. Allein je öffentlicher sie ist, und unter je mehrere Menschen sie verbreitet wird, desto leichter ist es, daß sich ein Thor, ein verzweiflender, oder kühner und listiger Mensch finde, der sich anderer zu seinem Endzwecke bedienen, und desto mehr blendende Hofnung in ihnen erregen kann, je die Gefahr der Unternehmung unter eine größere Menge vertheilet, einem jeden kleiner scheinen wird, und je größer der Preis auf den sie ihr eigenes Leben setzen in dem Vergleich gegen das Ueble ihnen vorkommen wird.

§. XXXIX.

Vom Familiengeiste.

Der Familiengeist ist die zweyte allgemeine Quelle der Irrthümer und

Un-

Ungerechtigkeiten bey der Gesetzverfaſ=
ſung. Man bemerket, daß die Grau=
ſamkeit und andere Fehler der Geſetze
von den verſtändigſten Männern, in
den freyeſten Republiken gebilliget wor=
den ſind; die Urſache hievon iſt, weil
man in ſelbigen den Staat vielmehr wie
eine Geſellſchaft von Familien, als wie
eine Geſellſchaft von einzelnen Perſonen
untereinander betrachtet hat. Geſetzt,
eine Nation beſtehe aus hundert tau=
ſend Menſchen, die in zwanzig tauſend
Familien; jede zu fünf Perſonen, das
Haupt derſelben mit darunter begriffen,
vertheilt ſind. Geſchiehet die geſell=
ſchaftliche Vereinigung Familienweiſe,
ſo wird man zwanzig tauſend Bürger,
und achtzig tauſend Sklaven haben; ge=
ſchihet ſie nach einzelnen Perſonen, ſo
wird man hundert tauſend Bürger ha=
ben, und alle werden frey ſeyn. Nimt
man den erſten Fall an, ſo wird man
eine Republik, und zwanzig tauſend
kleine Monarchien haben, in welchen
das Haupt der Familie Regent iſt; im
zweyten Fall wird ſich der Geiſt
der Freyheit nicht allein in öffent=
lichen

lichen Plätzen in den Versammlungen
des Volks, sondern auch in dem In-
nern der Häuser zeigen, wo die Menschen nothwendiger Weise den größten
Theil ihres Glückes oder ihres Unglücks
finden. Da die Gesetze und Sitten allemal eine Wirkung der eingewurzelten
Gesinnungen der Mitglieder einer politischen Gesellschaft sind, so wird sich,
wenn die gesellschaftliche Vereinigung
Familienweise geschiehet, ein monarchi-
scher Geist selbst in die Republiken ein-
schleichen; weil er kein anderes Hinder-
niß zu überwunden hat, als das einander entgegen gesetzte Interesse eines jed-
weden Familienhauptes, nicht aber die
lebhafte und allgemeine Empfindung der
Freyheit und der Gleichheit. Der Familiengeist giebt sich mit Kleinigkeiten,
und unbeträchtlichen Dingen ab. Der
allgemeine partiotische Geist kennt allgemeine Grundsetze, sieht auf die Begebenheiten selbst, und weiß allgemeine
Regeln daraus zu ziehen, die der Wohlfart des größten Haufens zuträglich
sind. In der Gesellschaft, die aus Familien besteht, bleiben die Kinder unter
der

der väterlichen Gewalt, so lange der
Vater lebt, und erhalten erst durch seinen Tod eine Exiſtenz, die allein von
den Geſetzen abhängt. Da ſie in den
bliehenden Jahren, wo ihre Lebhaftigkeit durch die Furcht und Erfahrung des Uebels noch nicht geſchwächet iſt, gewöhnet werden nachzu-
geben, und zu zittern; wie werden ſie
denn in einem trägen und hohen Alter,
da der Menſch von muthigen Unternehmungen durch ſeine Schwachheit, und
durch die matte Hofnung, die Früchte
derſelben zu genieſſen, abgeſchreckt wird,
wie werden ſie, ſage ich, die Hinder-
niſſe aus dem Wege raumen, welche
das Laſter unaufhörlich der Glückſeligkeit, und der Tugend entgegen ſetzt?
Jn Republiken, wo jeder Menſch
ein Bürger iſt, wird die Vereinigung
der Glieder einer Familie nicht durch
eine gezwungene Unterwerfung veranlaſ-
ſet, ſondern durch einen Vergleich; und
die Kinder, die einmal aus der Abhängigkeit, in welcher ſie wegen ihrer
Schwachheit, und wegen der Nothwendigkeit der Erziehung natürlicher
Wei-

Weife waren, befreyet, und aus freyen
Stücken Mitglieder der Gefellschaft geworden sind , bleiben dem Haupte der
Familie annoch freywillig unterworfen,
damit sie an den Vortheilen, welche ihnen die Familie anbietet , Theil nehmen mögen, wie es der freye Mensch in
Absicht auf die grosse Gefellschaft thut.

In Republiken, die aus Familien
bestehen, sind junge Leute, das ist, der
zahlreichste und nützlichste Theil der Nation, in der Gewalt ihrer Väter : in
Republiken aber , die aus einzelnen
Menschen bestehen, sind die Bände,
welche die Kinder mit den Vätern ver-
knüpfen, die geheiligten und unverletz-
lichen Empfindungen der Natur, welche sie einladen, sich in ihrem wechsel-
feitigen Bedürfnissen an beyden Seiten
zu Hülf zukommen, und vor allen trägt
vieles darzu die Empfindung der Erkent-
lichkeit wegen den Wohlthaten, die sie
von Eltern empfangen haben; eine Empfindung, die lange nicht so stark durch
die Neigung zum Bösen des menschlichen Herzens, als durch eine unrecht

P   ver-

verstandene Unterwerfung, welche die
Geseze gebieten, verdorben ist.

Dieser Streit zwischen den Fami-
liengesezen und den Grundgesezen der
politischen Staaten, ist eine Quelle vieler andern Widersprüche in der öffentlichen und Privatsittenlehre, und veran-
lasset in dem Gemüthe eines jeden Menschen einen beständigen Streit. Die
Privatsittenlehre flösset Unterwerfung
und Furcht ein; die öffentliche aber
Muth und Freyheit: jene lehret den
Menschen seine Wohlthätigkeit auf eine
kleine Anzahl von Personen einzuschrän-
ken, die er nicht nach seinem Gefallen
wählen kann; diese aber lehret, alle, die
seines gleichen sind, Theil daran nehmen
zu lassen: jene befiehlt einem Gözenbil-
de, das man das Wohl der Familie
nennt, und das öfters keinen einzigen
von den einzelnen Personen, aus welchen sie besteht, zum Vortheil gereicht,
beständige Opfer zu bringen; diese lehrt,
seine eigene Wohlfart zu suchen, ohne
die Geseze zu beleidigen, und weiß bisweilen den Bürger dahin zu bringen,
daß er sich fürs Vaterland aufopfert,

in-

indem sie ihn zum voraus mit der Schwärmerey, die sie ihm einflößet, belohnt. So viele Widersprüche und Ungewißheiten sind Ursache, daß die Menschen ein Bedenkentragen, der Tugend anzuhängen, die sie in einer so grossen Entfernung, und in der Finsterniß, welche die Dunkelheit der physischen sowohl als sittlichen Gegenstände darüber verbreitet hat, nicht erkennen. Wie oft muß nicht der Mensch, wenn er seine Augen auf seine vorige Handlungen wirft, darüber erstaunen, wenn er findet, daß er unredlich gehandlet habe?

Je weiter sich die Gesellschaft ausbreitet, ein desto geringerer Theil des Ganzen wird jedwedes Mitglied, und der patriotischer Eifer für die gemeine Sache, wird zu gleicher Zeit schwächer, wenn die Gesetze nicht dafür sorgen, ihn zu stärken. Die politische Gesellschaften haben eben so, wie der menschliche Körper, bestimmte Gränzen ihres Anwachses, welche sie nicht überschreiten können, ohne daß ihre ganze Einrichtung in Unordnung gerathe. Es hat das Ansehen, daß die Grösse eines

P 2   Staats

Staats sich nach dem umgekehrten Verhältnisse des Grads der Empfindung
und Aktivität der einzelnen Personen,
woraus er besteht, verhalten müsse;
denn wenn diese Empfindung, diese
Aktivität nach dem Maaße der Bevölkerung zunimmt; so würde selbst das
Gute, welches die gute Gesetze veran-
lasset hätten, ihnen grössere Schwierigkeiten bey den zu Verhinderung der
Laster gemachten Veranstaltungen verursachen, weil dergleichen Menschen gar
zu schwer zu leiten, und in Zaum zu
halten seyn würden. Eine gar zu weitläufige Republik kann sich nicht von Despotismus retten, wenn sie sich nicht in
eine gewisse Anzahl conföderirten Republiken theilet. Allein, hierzu würde
erfordert, daß derjenige, welcher alles
seiner unumschränkten Gewalt zu unterwerfen im Begriff wäre, eben so viel
Muth hätte, als Sylla, und eben so
viel Genie zu bauen als dieser Römer
gehabt hat, niederzureissen. Wenn indessen dergleichen Mensch ehrbegierig
wäre, so würde er mit einem unver-
gänglichen Ruhme belohnt werden; wäre

re er ein Philoſoph, ſo wûrden die Ses genswûnſche ſeiner Mitbûrger ihn wes gen des Verluſtes ſeines Anſehens trôs ſten, wenn er auch gegen ihre Uns dankbarkeit nicht ganz unempfindlich wâre.

Je mehr die Empfindungen, die uns mit dem politiſchen Staate verbins den, geſchwâcht werden, deſto ſtârker werden diejenigen, die uns mit den Gegenſtânden verbinden, welche uns nâher angehen. Unter einer deſpotiſchen Regierung ſind die Freundſchaften dauerhafter, und die Familientugenden, die allezeit mittelmâßig ſind, gemeiner, oder vielmehr die einzigen. Aus allen dieſen kann man urtheilen, wie klein und eingeſchrânkt die Einſichten der meiſten Geſetzgeber geweſen ſind.

§. XL.

Von dem Geiſte des Fiſcus und
deſſen übertriebenen Habſucht.

Die dritte Urſache der Fehler der peinlis chen Rechtsgelâhrtheit iſt die Bes

P 3   gierde,

gierde, den Fiscus zu bereichern, welcher bey Einrichtung derselben die Aufsicht und Oberhand geführet hat. Es ist eine Zeit gewesen, da alle Strafen in Geldbussen bestanden. Die Verbrechen der Bürger waren gleichsam ein Erbtheil des Fürsten. Die Kränkung der öffentlichen Ruhe gehörte mit zu den Ausschweifungen der Reichen; und der Regent, nebst den Magistratspersonen, welche sie beschützen sollen, sahen es zu ihrem eignen Vortheil gern, wenn man sie störte. Die Strafe des Verbrechens war damals ein Gegenstand eines Processes zwischen dem Fiscus, der die Strafe zuerkannte, und dem Schuldigen, der sie erlegte; und vielmehr eine bürgerliche, streitige Privatsache, als eine öffentliche Angelegenheit. Der Fiscus hatte damals andre Rechte, als diejenigen, welche ihm die Sorge für die öffentliche Ruhe gab, und dem Schuldigen wurden ganz andere Strafen zuerkannt, als womit er sonst, wegen der Nothwendigkeit des öffentlichen Beyspiels, wäre beleget worden. Der Richter anstatt daß er die

Wahr=

Wahrheit unpartheyisch hätte untersuchen sollen, war vielmehr ein Advocat
des Fiscus, anstatt die Gesetze zu schützen und handzuhaben, triebe er vielmehr
die Königl. Gelder ein. Da man nun,
wenn man sich nach diesem System schuldig gab, sich zugleich für einen Schuldner des Fiscus erklärte, und da die ganze Procedur diese Absicht hatte, daß
der Beklagte diese Schuld erkennen möchte, so war ihr einziger Endzweck das Bekenntniß des Verbrechens zu erlangen;
und zwar das für den Fiscus vortheilhaf-
teste Bekenntniß; ein Endzweck, worauf
noch heutiges Tages die ganze peinliche
Rechtsgelahrheit gerichtet ist, weil
manche Wirkungen noch bishero fort-
dauren, wenn gleich die Ursachen schon
längst aufgehöret haben. Es wird daher der Schuldige, welcher sich weigert, dieß Bekenntniß abzulegen, ob
er gleich durch unwidersprechliche Beweise überzeugt ist, mit einer weit geringern Strafe belegt, als er würde
auszustehen gehabt haben, wenn er es
gestanden hätte; und man wird ihm
eben darum, weil er das Verbrechen,

P 4   wo-

wovon er überzeugt ist, nicht bekennet
hat, nicht die Folter zuerkennen, um
ein Bekenntniß der übrigen mit seinem
Hauptverbrechen in Verbindung stehen-
den Verbrechen von ihm zu erzwingen.
Wenn man das Bekenntniß des Verbrechens herausgebracht hat, so wird
der Richter Herr über den Leib des
Schuldigen; und er zieht durch ausge-
suchte Martern, aus selbigem, gleichsam als aus einem ihm eigenthümlich
zustehenden liegenden Grunde den
größten Vortheil, der ihm möglich ist.
Ist die Wirklichkeit des Verbrechens
erst einmal bewiesen, so wird das Bekenntniß des Beklagten zu einem über-
zeugenden Beweise. Damit nun dieser
Beweis noch weniger verdächtig werden möge; so sucht man ihn durch
Schmerzen und Martern zu erhalten,
da man indessen darüber einig ist, daß
ein aussergerichtliches, ruhiges, und
gleichgültiges Geständniß zur Verurtheilung nicht hinlänglich sey.

Man schließt bey dem Fortgange
des peinlichen Verfahren diejenige Untersuchungen und Beweise aus, wodurch

durch die Unschuld des Beklagten mehr
ins Licht gesetzet werden, die aber zugleich auch den Ansprüchen des Fiscus
nachtheilig seyn könnten. Weder aus
Mitleiden gegen den Unglücklichen,
weder aus Betrachtung der menschlichen Schwachheit verschont man den
Angeklagten mit der Marter, sondern
bloß zu Erhaltung gewisser Rechte,
die heutigen Tages wegen veränderten
Umstände chimerisch geworden sind.
Der Richter wird ein Feind des Beklagten, das ist, eines Unglücklichen,
der ein Raub des fürchterlichen Gefängnisses, der Todesstrafe, und der
schrecklichsten Zukunft geworden ist.
Er sucht nicht die Wahrheit der Sache
selbst, sondern er sucht das Verbrechen
in der Person des Beklagten; er stellt
ihm Netze, er befürchtet, sich selbst
Schaden zu thun, er glaubt der Un-
trüglichkeit die sich der Mensch selbst
zuschreibt zu nahe zu tretten, wenn es
ihm nicht glückt, ihn schuldig zu finden. Der Richter hat es in seiner Gewalt, die Anzeigen zu bestimmen, die
zur gefänglichen Haft eines Bürgers
hin-

hinlänglich sind, um sich rechtfertigen zu können, muß der Angeklagte vorher für schuldig erkläret werden, u. s. w.

Das heißt auf eine sehr beleidigende Art verfahren und nicht eine gerichtliche Untersuchung anstellen; und gleichwohl ist dieß Verfahren in peinlichen Processen fast in allen gesitteten Staaten von Europa eingeführt. Man kennet in selbigen die wahre Art zu verfahren nicht, das ist, eine gleichgültige Untersuchung der Sache selbst, welche die Vernunft befiehlt, die Militär=Gesetze beobachten, und wovon selbst der asiatische Despotismus in Angelegenheiten, die bloß Privatpersonen betreffen, nicht abweichet: eine wunderlich in einander geflochtene Verwickelung der sonderbarsten Ungereimtheiten, die eine glücklichere Nachkommenschaft kaum wird glauben können, deren Möglichkeit aber heutiges Tages allein der Philosoph, vermittelst der Untersuchung der menschlichen Natur und ihrer Irrthümer einsehen kann.

§. XLI.

§. XLI.

Von Mitteln, den Lastern vorzubeugen.

Es ist besser, den Verbrechen vorzubeugen, als sie zu bestrafen. Eine gute Gesetzverfassung muß allemal die Absicht haben, den Lastern vorzubeugen, da sie nichts anders ist, als eine Kunst, die Menschen zu dem größten möglichsten Grad des Glückes und den kleinsten möglichsten Grad des Unglücks zu leiten. Man erlaube mir, diesen mathematischen Ausdruck auf die Berechnung des Guten und Bösen in diesem Leben anzuwenden. Allein die Mittel, deren man sich bisher, zu Erlangung dieses Endzwecks bedienet hat, sind fast alle untauglich, oder demselben gar zuwider. Es ist nicht möglich, den unruhigen Unternehmungsgeist der Menschen einer geometrischen Ordnung, in welcher sich keine Unregelmäßigkeit, keine Verwirrung findet, zu unterwerfen. Die menschliche Gesetze können es
nicht

nicht verhütten, daß bey der unendlichen Menge einander entgegen gesetz-
ter Reize des Vergnügens und des
Schmerzens nicht einige Unruhen, und
Unordnungen in der Gesellschaft entstehen sollten. Und gleichwol haben
Leute von eingeschränkten Einsichten,
wenn sie einige Gewalt in Händen haben, dergleichen Einfälle. Durch das
Verbot einer Menge gleichgültiger
Handlungen beugt man keineswegs
den Verbrechen vor, die daraus entstehen können. Man giebt dadurch nur
zu neuen Gelegenheit. Man verändert
nach eigenem Gefallen die Begriffe von
Laster und Tugend, die man doch sonst
für ewig und unveränderlich ausgiebt:
wie schlecht würde es nicht um den
Menschen aussehen, wenn man ihm
alles verbieten müßte, was ihm zu
bösen Handlungen Gelegenheit geben
kann? man müßte ihn des Gebrauchs
seiner Sinnen berauben. Es giebt gegen
einen Beweggrund, der die Menschen
antreibt, ein wahres Verbrechen zu
begehen, tausend, die sie zu gleichgül-
tigen Handlungen reizen, welchen
schlechte

schlechte Gesetze den Namen des Ver=
brechens beylegen ; und wenn die
Wahrscheinlichkeit , daß das Ver=
brechen wird begangen werden, eben so
groß ist, als die Anzahl der zum Laster
anlockenden Beweggründe , so wird
eben dadurch daß man den Umfang der
Laster erweitert, die Wahrscheinlichkeit
grösser , daß das Verbrechen öfters er=
folgen wird : die meisten Gesetze sind
ausschliessende Privilegien, das ist, ein
Tribut, den alle überhaupt einer gerin=
gen Anzahl zum Besten erlegen.

Hat man die Absicht , den Ver=
brechen vorzubeugen , so mache man
klare und einfache Gesetze , man sehe
weiters dahin , daß die ganze Nation
zu ihrer Vertheidigung vereiniget sey,
und nicht einmal der geringste Theil
dieser Macht zum Schaden der Gesetze
angewendet werde. Man sehe dahin,
daß die Gesetze nicht sowohl die ver=
schiedenen Stände der Bürger , als je=
den Bürger insbesondere begünstigen.
Man sehe dahin , daß die Menschen
sich vor ihnen, und nur vor ihnen
allein,

allein, fürchten. Die Furcht vor den
Geſetzen iſt heilſam; allein die Furcht
eines Menſchen vor dem andern iſt eine
unglückliche und fruchtbare Quelle der
Verbrechen. Leute, die in Sklaverey
leben, ſind wollüſtiger, ausſchweifen=
der, und grauſamer, als freye Leute.
Dieſe ergeben ſich den Wiſſenſchaften,
überdenken das Intereſſe der verſchiede=
nen Nationen, ſehen auf groſſe Gegen=
ſtände, und verrichten groſſe Dinge.
Jene zufrieden mit augenblicklichen Er=
götzlichkeiten ſuchen ſich durch den Lerm
der Ausſchweifungen den nichtigen Zu=
ſtand auszuſchlagen in dem ſie ſich be=
finden. Weil die Geſetze bey ſolchen
Zuſtand nichts beſtimmen, ſo gewöh=
nen ſie ſich an die Ungewißheit aller
Begebenheiten; die Folgen ihrer Ver=
brechen ſind ein Räthſel für ſie, welches
eben der Leidenſchaft, von welcher ſie
hingeriſſen werden neue Kräften er=
theilt.

Bey einer Nation, die einen Erd=
ſtrich bewohnet, der ſie träge macht,
wird die Ungewißheit der Geſetze dieſe
Träg=

Trägheit und Dumheit, wo nicht vermehren, doch zum wenigsten in ihrem
alten Zustand erhalten. Bey einer
wollüstigen und unternehmenden Nation aber verursacht diese Ungewißheit,
daß ihr unternehmender Geist sich mit
einer Menge kleiner Cabalen, und listiger Anschläge unnützer Weise beschäftiget, welche Mißtrauen in aller Herzen
verbreiten, und Verstellung und Verrätherey zum Grunde der gemeinen
Moral legen. Endlich wird bey einem
muthigen und tapfern Volke die Ungewißheit der Gesetze, nach vielem Wanken von der Freyheit zur Knechtschaft,
und von der Knechtschaft zur Freyheit,
zuletzt gänzlich gehoben.

Sucht man den Verbrechen vorzubeugen, so sehe man dahin, daß die
Freyheit von Einsicht begleitet werde.
Je weiter sich die Kenntnisse ausbrei-
ten, desto mehr nimmt das Uebel ab,
welches sie nach sich ziehen, und desto
grösser werden die Vortheile, welche
sie bringen. Ein kühner Betrüger
(welcher niemals ein gemeiner Mensch
ist)

ist) erwirbt sich die größte Hochach=
tung des unwissenden Pöbels, da er
bey einem verständigen Manne ein Ge=
genstand der Verachtung ist. Kennt=
nisse machen es dem Menschen leichter,
eine Vergleichung zwischen den Gegen=
ständen anzustellen. Sie zeigen ihm
selbige aus verschiedenen Gesichtspunk=
ten, sie mäßigen seine Empfindungen,
durch andrer Menschen Empfindungen,
indem sie ihm bey andern eben die Be=
gierden, die er selbst hat, entdecken
helfen, und ihm von ihrer Seite
gleichen Widerstand sehen lassen. Vor
dem hellen Schein der Einsichten eines
Volks verschwinden Unwissenheit und
Verläumbung, das willkürliche An=
sehen zittert, und die Gewalt der Ge=
setze bleibt allein unerschüttert. Es
findet sich kein Mensch von Einsichten,
der solche Verträge nicht hoch schätzen
sollte, deren Nutzbarkeit deutlich und
bekannt ist, und worauf die öffentliche
Sicherheit beruhet; denn ein vernünf=
tiger Mensch vergleicht den geringen
und unnützen Theil der abgetrettenen
Freyheit, gegen die Summe der ein=

zel=

zelnen Theile der Freyheiten, die seine
Mitbürger zu seinem Wohl geopfert
haben, die ohne den Gesetzen sich hätten gegen ihn verbinden und ihm schaden können. Wer ein fühlbares Herz
hat, und einen Blick auf eine Samlung guter Gesetze wirft, der wird erkennen, daß er nichts als die verderb-
liche Freyheit seinem Nebenmenschen
Schaden zu thun verloren habe; er
wird gezwungen seyn den Thron und
den, der darauf sitzet, zu segnen.

Es ist falsch, daß die Wissenschaften dem menschlichen Geschlechte jederzeit schädlich sind, und wenn sie es gewesen, so war das Uebel unvermeidlich. Die Vermehrung des menschlichen Geschlechts auf dem Erdboden gab
zu Kriegen Gelegenheit; die annoch
unausgebildeten Künste, und die ersten Gesetze, welche nichts als Verträge von kurzer Daure waren, und
ihren Ursprung aus einer Nothwendigkeit von eben so kurzer Dauer hatten,
giengen mit selbigen zu Grunde. Damals entstand die erste Philosophie,

Q   deren

deren Grundſätze nur wenige an der
Zahl, aber wohl gewählt waren, weil
die erſten Menſchen durch ihre Unwirk=
ſamkeit und Einfalt gegen viele Irrthü=
mer beſchützet wurden.

Als ſich aber die Bedürfniſſe zu=
gleich mit dem menſchlichen Geſchlechte
vermehrten, waren ſtärkere und dauer=
haftere Eindrücke nöthig, damit die
tägliche und ſtets mit gefährlichen Fol=
gen begleitete Ruckkehr einzelner Per=
ſonen in den vorigen Zuſtand der Un=
geſelligkeit verhindert werden könnte.
Es waren demnach die erſten Irrthü=
mer in der Religion, welche die Erde
mit erdichteten Göttern anfüllten, und
eine unſichtbare Welt von Geiſtern er=
ſchufen, welche die ſichtbare Welt be=
herrſchten, und regierten, eine groſſe
politiſche Wohlthat für das menſchliche
Geſchlecht. Man kan die kühnen Män=
ner, welche das menſchliche Geſchlecht
betrogen, und die gelehrige Unwiſſen=
heit zu den Altären hinſchleppten, für
nichts anders, als Wohlthäter deſſel=
ben anſehen. Da ſie den Pöbel mit
Ge=

Gegenſtänden beſchäftigen, die nicht
in die Sinne fallen, die ſich deſto weiter von ihm entfernen, je mehr er ſich
denſelben nähret und ſie zu erreichen
glaubet, die aber zu verachten ſich der
Pöbel dennoch nicht erkühnte, weil er
ſie niemals recht kannte; ſo vereinigten
ſie die verſchiedenen Leidenſchaften, die
ihn in Bewegung ſetzten, und richteten
ſie auf einen einzigen Gegenſtand. So
war das Schickſal der erſten Nationen
beſchaffen, die aus wilden Völkern entſtunden. So war das nothwendige,
und vielleicht das einzige Band groſſer
Geſellſchaften und der Zeitpunkt ihrer
Entſtehung gebildet. Ich rede nicht von
dem auserwählten Volke GOttes, bey
welchem die auserordentlichſten Wun-
derwerke, und die deutlichſten Merk-
maale der göttlichen Gnade die Stelle
der menſchlichen Staatskunſt vertra-
ten. Allein wie ſich der Irrthum ſeiner
Natur nach, bis ins unendliche, in
kleinere Irrthümer zertheilet; ſo mach-
ten auch die falſchen Wiſſenſchaften,
die aus dieſen Irrthümern entſtunden,
die Menſchen zu einem fanatiſchen Hau-

fen

fen von blinden, die in dem Irrgarten,
in welchen sie eingeschlossen sind, einan=
der stossen und verwunden, und einigen
empfindenden philosophischen Seelen
Anlaß gaben, den alten wilden Stand
des menschlichen Geschlechts wieder zu
wünschen. Dieß ist der erste Zeitpunkt,
da die Wissenschaften, oder richtiger
zu reden, die Meynung schädlich ge=
wesen.

Der zweyte fällt in den fürchterli=
chen Uebergang von den Irrthümern
zur Wahrheit, und von der Finsterniß
zum Lichte. Der Streit einiger den
schwachen Menschen günstiger Wahr=
heiten gegen jene häufige Irrthümer,
die einer geringen Anzahl der Mächti=
gen nützlich sind, und die Gährung der
augenblicklich entstehenden Leidenschaf=
ten befördern, verursachen den elen=
den Menschen unendlich vieles Uebel.
Wenn man die Geschichte mit Aufmerk=
samkeit liest, deren vornehmste Zeitpunk=
te in einem gewissen Zeitraum einge=
schlossen sich sammentlich gleichen; so
wird

wird man sehen, daß öfters in diesem
traurigen und nothwendigen Uebergang von der unwissenheit zur Philosophie, und von der Sklaverey zur Freyheit, ein ganzes Geschlecht, der
Glückseligkeit desjenigen, das darauf
folgen soll, aufgeopfert wird. Allein
wenn die Feuersbrunst gedämpfet,
und die Ruhe wieder hergestellt, wenn
das Volk von den Uebeln, die es unter-
drückten, befreyet ist, so setzt sich die
Wahrheit, deren Schritte anfänglich
langsam sind, nachgehends aber ge-
schwinder werden, dem Monarchen zur
Seite auf den Thron, und erlangt in
den Versamlungen der Nation und in
den Republiken Tempel und Altäre.
Wie kann man sichs einfallen lassen,
daß das über dem grossen Haufen ver-
breitete Licht schädlicher sey, als die
Finsterniß, und daß die Kenntniß der
einfältigen und wahren Verhältnisse
der Dinge dem menschlichen Geschlecht
höchst nachtheilig werden könne?

Es ist wahr, daß die blinde Unwissenheit vielleicht nicht so schädlich ist,

Q 3 als

als mittelmäßige und verwirrte Einsichten, weil diese mit dem Bösen,
welches die Unwissenheit verursachet,
zugleich alle üble Folgen verbindet,
die von eingeschränkten Einsichten herkommen, welche nicht einmal an die
Gränzen der Wahrheit hinausreichen;
allein ein Mann von aufgeklärten Verstande, der für die Heiligkeit der Gesetze wacht, und dieselben handhabet,
ist das unschätzbarste Geschenk, das
ein Regent seinen Unterthanen machen
kann. Da er gewöhnt ist, die Wahrheit zu suchen, ohne sie zu fürchten,
da er über den größten Theil eingebil-
deter Bedürfnisse, die immer von
neuem entstehen, und die Tugend so
oft zum Falle bringen, erhaben ist, da
er das menschliche Geschlecht aus dem
erhabensten Gesichtspunkte betrachten
kann; so siehet er seine Nation als
seine Familie und seine Mitbürger,
als seine Brüder an; und die Entfernung der Großen von dem gemeinen
Volke, kömmt ihm desto geringer vor,
da er mit seinem Blicke eine weit größere
Menge von Menschen auf einmal über-
siehet.

ſieht. Der Philoſoph hat Bedürfniſſe
und ein Intereſſe, die der Pöbel nicht
kennet, nämlich die Nothwendigkeit,
den Grundſätzen, die er im Verborgenen geprediget hat, nicht zuwider zu
handeln, und die Gewohnheit, die
Tugend um ihrer ſelbſt willen zu lieben.
Einige Menſchen von dieſer Art würden das Glück eines ganzen Volks
machen; allein damit es dauerhaft ſey,
ſo müſſen gute Geſetze die Anzahl derſelben ſo ſehr vermehren, daß die
Wahrſcheinlichkeit einer ſchlechten Wahl
dadurch ſehr verringert werde.

Ein anderes Mittel, den Verbrechen vorzubeugen, beſteht darinnen,
daß einem Gerichte, dem die Handhabung der Geſetze anvertrauet iſt, mehr
daran gelegen ſey, ſie zu beobachten,
als ſie, mittelſt Beſtechungen zu verletzen. Je zahlreicher eine ſolche Ge-
richts-Stelle iſt, deſto weniger hat
man Gewaltthätigkeiten von derſelben
zu befürchten; weil viele Mitglieder
einer einzigen Geſellſchaft, die ſich
unter einander beobachten, ein deſto

ge-

geringeres Intereſſe haben ihr ge=
meinſchaftliches Anſehen zu vergröſſern,
da der Theil , den jedweder daran ha=
ben würde, deſto kleiner iſt, beſonders,
wenn ſie zwiſchen dem geringen Vor=
theil und der Gefahr der Unterneh=
mung eine Vergleichung anſtellen.
Wenn der Regent den Magiſtrats=
perſonen gar zu viel Feyerlichkeit, zu
viel Pracht und Anſehen beylegt , und
demjenigen , der unterdrückt zu ſeyn
glaubet , nicht erlaubt , gerechte oder
ungegründete Klagen vorzubringen,
und hiedurch ſeine Unterthanen gewöh=
net , die Geſetze nicht ſo ſehr , als die
Magiſtratsperſonen zu fürchten ; ſo
werden die Obrigkeitlichen Perſonen
bey dergleichen Furcht viel gewinnen,
die öffentliche und Privatſicherheit aber
wird verlieren.

Man kann ferner den Verbrechen
vorbeugen , wenn man die Tugend
belohnt. Ich ſehe , daß in Anſehung
dieſes Punkts die Geſetze aller heutigen
Nationen ein tiefes Stillſchweigen beo=
bachten. Haben die von Akademien,
den

den Erfindern nützlicher Entdeckungen
ertheilte Preise, die Kenntniſſe aus-
gebreitet, und die Anzahl guter Bücher
vermehrt, warum ſollten denn nicht
Belohnungen von der Hand eines
wohlthätigen Monarchen die Anzahl
guter Handlungen vermehren? Die
Schatzkammer der Ehre iſt in den
Händen eines weiſen Verwalters jederzeit unerſchöpflich, und fruchtbar.

Die ſicherſten aber auch die ſchwerſten Mittel die Menſchen beſſer zu
machen, ſind endlich: daß man die
Erziehung vollkommener mache. Allein dieß iſt ein gar zu groſſer Gegenſtand, der weit über die Schranken,
die ich mir vorgeſchrieben habe hinaus
reicht; ein Gegenſtand, welcher, wie
ich es zu behaupten mich unterſtehe,
mit der Natur der Regierung in einem
ſehr engen Verhältniſſe ſtehet, nun-
mehro aber als ein weitſchichtiges Feld
von einer ſehr geringen Anzahl Menſchen freundlichen Weiſen bebauet wird,
für die ſpäteren Zeiten der öffentlichen
Glückſeligkeit, die noch vielleicht ſehr
ent-

entfernt iſt , noch ein fruchtbares Feld
zur ergebigſten Erndte bleibet. Ein
groſſer Mann , der das menſchliche
Geſchlecht , von welchem er verfolgt
wird , unterrichtet , hat die vornehm=
ſten Grundſätze einer wahrhaftig nütz=
lichen Erziehung entwickelt. Hier ſind
einige davon : man ſollte ſich mehr
Mühe geben , den Kindern eine kleine
Anzahl wohlgewählter , und recht
deutlicher Gegenſtände vorzuhalten ,
als ihnen eine groſſe Menge davon zu
zeigen : man ſollte in den phyſikaliſchen
ſowol , als moraliſchen Gegenſtänden ,
die ſich entweder von ungefähr , oder
durch geſchickte Veranſtaltung des
Lehrmeiſters dem Verſtande des Lehr=
lings darbieten , die Originale an die
Stelle der Copeyen ſetzen , man ſollte
ihn auf dem leichten Wege der Empfin=
dung zur Tugend leiten , und ihn von
dem Böſen durch die unüberwindliche
Gewalt der Nothwendigkeit , und der
Ungelegenheiten , die auf die That fol=
gen , entfernen , nicht aber durch An=
ſehen , deſſen Wirkungen jederzeit unge=
wiß ſind , und wodurch man von ihm
nur

nur einen verstellten Gehorsam von kurzer Dauer erhalten wird, u. s. w.

§. XLII.

Beschluß.

Aus allen, was wir bisher gesagt haben, kann man diesen allgemeinen sehr nützlichen Lehrsatz ziehen, der aber mit der angenommenen Gewohnheit, die gemeiniglich den Völkern Gesetze vorschreibt, nicht übereinstimmet.

Damit eine Strafe nicht in eine Gewaltthätigkeit eines einzigen, oder mehreren gegen einen Bürger ausarte; so muß sie öffentlich, hurtig, nothwendig, so gelinde, als in gewissen benannten Umständen möglich ist, dem Verbrechen angemessen und durch die Gesetze bestimmet seyn.

Innhalt.

www.ingramcontent.com/pod-product-compliance
Lightning Source LLC
Chambersburg PA
CBHW021213270326
41929CB00010B/1107